I0140298

JULIETTE DE BECDELIÈVRE

OMTESSE DE BOURMONT

PAR

LE COMTE AMÉDÉE DE BOURMONT

ARCHIVISTE PALÉOGRAPHE

RENNES
ALPHONSE LE ROY, IMPRIMEUR BREVETÉ
6, RUE DES CARMES, 6

1890

JULIETTE DE BECDELIÈVRE

COMTESSE DE BOURMONT

PAR

LE COMTE AMÉDÉE DE BOURMONT

ARCHIVISTE PALÉOGRAPHE

RENNES
ALPHONSE LE ROY, IMPRIMEUR BREVETÉ
6, RUE DES CARMES, 6

1890

TIRÉ A CINQUANTE EXEMPLAIRES NUMÉROTÉS A LA PRESSE

NON MIS DANS LE COMMERCE

N°

OFFERT PAR L'ÉDITEUR

A

A MESDAMES

LA COMTESSE AMÉDÉE DE BOURMONT

ET

LA VICOMTESSE DE QUATREBARBES

23 JUIN 1885

PRÉFACE

Le premier de mes travaux sur la vie de mon grand père est consacré à ma grand mère.

Ces travaux ne seront ni une critique, ni une apologie, ils seront simplement des matériaux pour l'histoire.

A ce titre, ils sont destinés aux parents, aux amis, à cette famille plus grande encore d'érudits à laquelle je m'honore d'appartenir.

Mais j'ai voulu, avant d'entreprendre cette tâche ardue et difficile, commencer par un coup d'œil sur la vie intime de celui qui devait devenir, après tant de traverses, le vainqueur d'Alger; j'ai voulu que le rayon de lumière qui éclaira et embellit sa vie fût le premier connu, que sa vaillante compagne reçût mon premier hommage; et pour cela j'ai demandé à la mienne de m'aider.

Que Dieu soit notre force, comme il fut la leur!

12 Mars 1889.

1. Madame de Becdelièvre[1] à Bourmont.

Au Citoyen Paul Regnard, chez J. J. Ripet, négotiant, près la Douane, à Basle en Suisse. — Inconu[2].

Vernon (Le Grumesnil), 12 prairial an III, (30 mai 1795).

« Quand[3] je reçus votre lettre du 3 prairial, mon cher neveu, ma fille ainée était avec moi; persuadée de votre honnêteté et n'imaginant recevoir pour l'une et pour l'autre que l'assurance de votre amitié; je lui remis sur le champ la lettre qui lui était adressée, avant d'avoir lue la mienne; elle l'a recue avec sensibilité, comme une preuve de votre souvenir, de votre attachement, elle m'a dit qu'elle vous ferait réponse : mais je puis vous assurer qu'elle n'a point compris l'etendue de vos vœux je ne lui ai pas montre ce que vous m'ecrivies, son ame et son esprit sont tranquilles : ainsi ma petite indiscretion est réparée par son heureuse et parfaite innocence.

Actuellement, mon cher neveu, je vous remercie des sentimens que vous témoignes pour ma fille, de votre confiance en moi qui prouve votre estime pour elle, je vous sais bon gré d'avoir su remarquer les vertus qu'elle possède, la douceur de son caractère, la candeur de son ame, mille fois au dessus des agrémens de sa personne; cette préférence si flatteuse pour une mère qui se glorifie dans son ouvrage, ce discernement si rare à votre âge sont faits pour touchermon cœur; mais dans la position où nous sommes, je ne prendrai point avec vous d'engagemens irrévocables, je n'ai promis ma fille à personne; je ne vous la promets point, j'ai mille devoirs à remplir avant de songer à son établissement, des partages à faire, des comptes à rendre, une fortune à lui assurer, sa santé à ménager, sa sensibilité à contenir et à rassurer, le bouleversement des affaires générales, le désordre particulier des miennes, l'instabilité des projets de son frère et la distance qui nous sépare, l'absence de votre malheureuse mère sans l'aveu de laquelle on n'obtiendra jamais le mien sont des motifs plus que suffisans que j'offre à votre raison, il me serait doux, sans doute, de resserrer les nœuds qui m'attachent à vous : mais je ne négligerai rien dans l'affaire la plus importante de ma vie, celle d'assurer à jamais le bonheur de ma fille, je lui dois tous mes soins, toutes mes connaissances, tout mon zèle, toute mon expérience; c'est plus que ma fille, c'est mon amie, c'est ma consolation, c'est un ange qui nous a préservé de tous les dangers, de tous les périls que nous avons courus, c'est un dépôt sacré que je ne dois pas remettre légèrement en d'autres mains et dont la séparation sera le plus cruel moment de ma vie. Je rends justice aux qualités que vous possédes, a l'honneur qui dirige toutes vos actions, qui vous conduit depuis si long-tems; mais je vous le répète, je ne vous promets rien, j'espere que je reverrai votre maman, qu'une situation plus heureuse me permettra de songer à un établissement pour mes enfans, dont ils sont bien éloignés pour le moment; votre cousine vous repondra ce qu'elle voudra, je ne prescrirai pas sa réponse, je ne rectifierai point ses expressions, elle sera libre dans son choix, je vous reverrai avec le plus grand plaisir, avec le plus vif attachement; mais j'exige de votre prudence, de votre raison, de votre honnêteté que vous ne fassiez aucune demarche secrette vis à vis d'elle, que vous ne cherchiez aucun moyen de l'instruire, de l'éclairer sur vos projets et que vous attendiez du tems, des circonstances, de la présence de

1. On trouvera à la table les notes biographiques et géographiques.
2. Mention mise par la poste.
3. La ponctuation nécessaire a seule été ajoutée, lorsqu'elle était absolument nécessaire. L'accentuation et la graphie des auteurs ont été scrupuleusement respectées.

votre mère, de votre conduite, de mon estime pour vous, de mon amitié, le prix que vous paraissés désirer. Tout ce qui m'entoure vous dit mille tendres choses, je forme mille vœux pour votre heureux et prompt retour. »

Archives nationales, F7 6232, n° 748.

2. Madame de Becdelièvre à Bourmont.

22 juin 1796.

« En lisant votre lettre, mon cher ami, que je viens de recevoir dans l'instant, mes yeux se sont remplis de larmes, mon cœur s'est brisé de nouveau et sur vos malheurs et sur votre éloignement et sur le souvenir de mon affreuse perte, si vous voulez que je vive, si vous voulez encore m'attacher à cette malheureuse existence que je ne suporte que pour ce qui me reste, ménagez-vous, tenez vous a ce que vous m'avez demandé, à l'objet pour lequel vous m'aves avoué votre tendresse, eh bien vivez pour sa consolation et la mienne, ne cherchez pas de nouveaux dangers, je ne vous pardonnerais pas de me faire mourir deux fois. Si je l'osais, si je ne craignais pas de vous déplaire, je partirais demain pour Paris, j'ai encore quelques amis j'irais demander votre rapel, celui de votre respectable ami, permettez-moi cette démarche, nous vivrons ensemble, nous oublierons les mechans, nous vivrons pour l'amitié, répondez moi courier pour courier, je suis tentée de ne pas attendre votre lettre, vous semblez d'avance par une de vos phrases me donner votre consentement, tout ce qui m'entoure fait des vœux pour vous, songez que vous etes desormais ma seule espérance, je ne puis vous en dire davantage, je suis aveuglée par mes larmes, ah oui tous les deux vous aves tout fait, voulez vous que je donne à ma mère les 25 pièces, je le ferai, j'en ai reçu 50 pour mon compte une fois, mais on na pas voulu donner le reste à mr. de Cl... vous n'avez du voir qu'une quittance de 30 pièces de nan king. Si cela se peut vous vous informerez du reste, j'en ai grand besoin, mais l'essentiel pour moi est votre vie, cher ami, cher enfant, conservez vous pour celle qui vous cherira à jamais et qui vous porte dans son cœur; ma tante vous a embrassée, infortunée elle est aussi à plaindre que moi; si vous aves une occasion pour Paris, mr. de Cl... est logé dans le même endroit. »

A. n. F7 6232, n° 687.

3. Juliette de Becdelièvre à Bourmont.

3 vendemiaire (25 sept.) [1796 ?]

« O combien il est doux, combien il est facile de remplir un engagement dicté par le cœur, les témoignages d'amitié et d'intérêt du votre sont bien touchans; vous nous ecrivez, vous songez à nous et dans un moment où tant de choses doivent affecter votre imagination, remplir votre âme, que de sujets devraient l'acabler, mais elle ne se laisse point abatre, elle vous donne le courage de supporter le malheur qui semble s'atacher à vos pas tandis que ce devrait être le bonheur; si il était juste, il prendrait sa place pour repandre sur vous sa douceur et ses charmes. — Je voudrais que Dieu m'inspira, afin de vous offrir la consolation dont vous pouvez jouir et dont je crois que vous avez tant de besoin, mais hélas les vœux sont impuissant et c'est cependant tout ce que peut nôtre faiblesse, — je serais bien heureuse si un petit mot tracé par l'amitié pouvait lever un instant le voile qui obscurci vos plus belles années, cette idée est triste, elle s'applique également à nous, de même nous les voyons s'écouler dans les larmes et la douleur les années que nous regreterons, mais elles auront fuit devant nous et ne reviendrons plus. — Nous songeons peu aux modes et aux plaissirs, le sort de nos amis est le seul objet qui nous intéresse véritablement; vous allez en voir qui nous sont bien chères, ne leur parlerez-vous point de nous? ô si, si permettez que je vous en prie, dites leur que le bonheur de les voir serait bien vif et bien senti et ne peut être comparé qu'au chagrin d'en être privé, chaque jour éloigne ce qui peut nous plaire et ajoute encore à nos maux ainsi nous ne pouvons espérer de vous voir bientôt, nous ne devons même pas le désirer; l'air de ce pays ne convient point à votre santé; la raison conduit plus souvent les actions que le cœur; je suis sûre que dans cette occasion cette assurance vous fera plaisir; adieu, mon cher cousin, j'ai peur d'en avoir déjà trop écrit; cette même raison doit retenir ma plume.

Si il est consolant pour vous d'inspirer de l'intérêt, vous pouvez être sur qu'il n'en exista jamais de plus vif ni de plus tendre.

Les trois cousines et Ludo. sont bien sensibles à votre aimable souvenir; ils vous font mille amitiés.

JULIETTE.

Tout le monde vous dit un million de choses, tachez de nous faire savoir de vos nouvelles aussi souvent qu'il vous sera possible.»

A. n. F7 6232, n° 740.

4. Émilie de Becdelièvre à Bourmont.

3 vendémiaire (25 septembre) [1796].

« Comment répondre à votre aimable lettre, mon cœur sent beaucoup de choses et ne sauroient les exprimer, lisez y, mon cher cousin, et vous en serez content; puisse l'amitié, ce sentiment consolateur, adoucir vos peines, diminuer vos fatigues. Le voyage que vous faites dans ce moment ci porte avec lui sa récompense, jouissez des heures de bonheur que vous procurera une si douce réunion, elles sont si rares, elles s'échappent si promptement, tandis que celles de la douleur semblent se prolonger, mais je ne veux point m'apesantir sur toutes les sombres idées que les circonstances succère, j'appelle l'esperance à mon secours, quand elle me dit que nous vous reverrons bien tôt, je me trouve presque consolée.

Vous êtes très aimable de vous ressouvenir de ma haine (je crois que l'expression n'est pas trop forte[)] pour le lieu où vous allez, malgré ces beaux sentimens une description, quelques petits détails me seroient fort agréable; je ne vous les rendroient pas, car Paris n'offre rien d'intéressant et puis vous savez que lorsque l'âme est triste, on ne voit que ce qui a quelques rapports à nos peines pour ne pas les augmenter, ménagez vous, cher cousin, le sincère attachement de vos amies doit vous y engager, celui que je vous ai voué particulièrement est bien vrai et bien senti.

ÉMILIE. »

A. n. F7 6232, n° 739.

5. Madame de Becdelièvre à Bourmont.

14 décembre 1796.

« J'ai reçu votre lettre du ?, mon cher ami, avec une satisfaction inexprimable puisqu'elle me prouve votre meilleure santé, mais avec un battement de cœur qui me rendait aucune expression impossible, je tremble toujours que le froid et la mauvaise saison ne vous fassent retomber dans la maladie dont vous vous êtes tiré miraculeusement. Je ne doute point du plaisir que vous ferez à votre petite tante en allant la voir; et je suis également persuadée de celui que vos jeunes amies auraient à vous embrasser, je ne vous refuse point, mon cher bien aimé, la permission que vous me demandez, mais j'ai une grâce à vous demander, c'est d'attendre ma présence, n'imaginez pas que je forme aucun doute sur la manière dont vous vous conduiriez, mais je crains excessivement la vive impression que votre vue produirait sur des cœurs aussi tendres et aussi sensibles, ménagez leur faiblesse et permettez que je sois retournee chez moi pour y venir, ma presence fera une diversion, vous me mandez que vous serez bientôt à Alençon, je prendrai cette route là, et quand nous serons ensemble je vous dirai ce que nous avons fait, ce que nous pourons faire et nous prendrions des mesures pour nous reunir dans le lieu où vous avez envie de vous rendre, si vous voulez la jument noire, écrivez un petit mot à mon beau frère, il vous la fera conduire dans le lieu que vous indiquerez, elle est actuellement à ma campagne avec Etienne, cher ami, je n'ai rien à vous refuser : mais en vérité ce pauvre homme n'est plus dans le cas de rendre les mêmes services qu'autrefois; il vient d'être très malade, il est estropié et je ne crois pas qu'il pût vous être utile. Si vous le désirez, faites moi savoir vos intentions et je les lui communiquerai, je voudrais avoir des ailes et voler auprès de vous, vous réunissez toutes les affections de mon ame et je ferai pour vous ce que j'aurais fait pour celui que je pleurerai éternellement.

Richard, négotiant suisse est allé à Saint Brieux pour acheter des marchandises, il n'a été que quinze jours dans son voyage, parmi ses étoffes il a raporté deux pièces de toile que je lui avais demandé pour votre compte et pour le mien, à la première vue j'ai été contente de la qualité, mais à l'examen ce n'est pas de cette fabrique que je les voulais, il y manquait de l'aunage et je serai peut être obligée de le renvoyer dans cette ville, ce qui serait très facheux. Ce marchand ne peut s'établir chez son ami Jean parce que celui ci ne possède rien, il faudra qu'il fixe ailleurs son magasin, si vous avez besoin de ses services, donnez lui vos ordres; il est très obligeant et il fera tout ce que vous lui prescrirez, il y aurait de la cruauté à l'engager à retourner à Bi ou il ne retrouverait plus ses associés et il vaut mieux en lui payant ce qu'on lui achete le laisser libre de continuer son commerce, il a été quelques jours dans le voisinage de votre ami du Chaudron, mais celui ci a fait dire qu'il ne fallait pas qu'il y retournat. Comme il avait encore des marchandises anglaises d'ancienne datte, on a voulu s'en emparer, cette petite affaire est arrangée, mais il fera bien d'abandonner ce lieu et le commerce, en attendant il est fort bien dans cette ville, logé et nouri chez l'ami d'Emilie et quand on saura vos intentions il s'y conformera, il a dû vous écrire aujourd'hui, si la toile de Bretagne eût été bonne, nous en eussions eu le débit le plus heureux, mais à la seconde fois nous reussirons mieux. La bonne tante vous serre contre son cœur ainsi que mon petit camarade de voyage, je meurs d'envie de vous embrasser, de pleurer avec vous et de vous assurer de mon éternelle tendresse. »

A. n. F[7] 6232, n° 707.

6. Juliette de Becdelièvre à Bourmont.

Le mercredi 14 décembre [1796].

« Pourions nous, mon cher cousin; nous reffuser au bonheur que vous nous faites espérer; les bras de vos amis vous sont ouverts, après nos malheurs, après les vôtres; qu'il est doux de se retrouver. Si notre solitude ne vous effraye pas, venez la partager, vous interessez tout ce qui respire ici, on fait des vœux pour vous, helas il nous est encore permis de trembler; nous avons tant souffert, nos maux sont-ils finis ? votre voyage ne peut être caché puisque vous viendrai et que l'on vous mene un cheval; d'ailleur nous avions appris ce matin par maman qui nous avaient écrit que vous vous étiez raproché de nous, aussi cette nouvelle ne peut être ignorée dans notre cercle, vous n'y serai pas trahi; mais de grace accordez nous tous les moments que vous comptez passer dans ce pays ci, les visites du voisinage vous perdraient, j'en ai la certitude, je vous expliquerai cette phrase, si elle n'est pas claire pour vous, ne tardez donc plus a vous rendre a notre impatience, Emilie partage avec moi les plus tendres sentimens pour vous.

JULIETTE. »

[Cacheté de cire rouge avec B surmonté d'une couronne de marquis.]

A. n. F^7 6232, n° 741.

7. Juliette de Becdelièvre à Bourmont.

Au Grumesnil ce lundi 9 janvier 1797.

« Votre lettre nous a fait grand plaisir, pouvait elle n'être pas lue avec intérêt par des cousines qui vous aiment, des parens qui vous chérissent; nous attendions avec impatience des nouvelles de cette pauvre main, combien elle vous a fait souffrir, votre courage vous empêche de nous le dire, mais on y est pas moins sensible, vos maux et vos chagrins sont partagés, vous saurez aussi des nouvelles du menton auquel vous voulez bien vous intéresser. N'ayant reçu votre lettre que dimanche, il m'est impossible d'y répondre plutôt que lundi, ce qui fait que vous n'aurez pas la réponce aussi tôt que vous la désiriez. J'espère que vous ne nous laisserez pas ignorer de vos nouvelles; nous y prenons trop de part pour cela, chacun en particulier me charge de vous le dire; nous ne savons point encore le jour du départ de maman, mais nous avons la certitude qu'il n'est sûrement pas éloigné. Adieu mon cher cousin, l'amitié console de bien des maux, elle existe ici bien tendrement pour vous.

JULIETTE (p.)

J'ai trouvé sur votre table une lettre cachétee; je vous l'envoye de peur qu'elle ne vous soit utile; vous l'aviez sûrement oublié. »

A M. Bonnard, négotiant.

A. n. F^7 6232, n° 751.

8. Juliette de Becdelièvre à Bourmont.

Au Grumesnil 10 janvier 1797.

« Je serais fâchée de n'avoir pas la même exactitude, mon cher cousin, à vous donner de nos nouvelles, que vous en avez pour nous donner des vôtres, car j'imagine que cela vous fera autant de plaisir qu'à nous. Vous êtes sensible à l'intérêt et à l'amitié, c'est une consolation qui quand on en sait jouir fait passer d'heureux moments. Celui où j'ai appris par votre lettre que votre séjour ici était approuvé a été bien doux pour moi, il eût été charmant de le passer avec vous ce moment et bien aimable à vous d'y avoir pensé; ce serait plutôt à Emilie qu'à moi à répondre à la fin de votre lettre; vous l'attaquez ce serait à elle à se deffendre, mais vous le faites de manière à la désarmer; d'après cela, je présume que vos combats ne peuvent avoir qu'un fin fort heureuse et fort agréable de sorte qu'il est très joli de les laisser subsister.

Tous les habitants du grand, du vieux chateau vous font mille mille amitiés; et songent souvent au voyageur, ils ne peuvent l'oublier ainsi que ses cousines qui le plaigne d'être en route pendant une saison si froide, elles ne perdent pas non plus l'espoir de le revoir bientôt.

JULIETTE (p.)

Au dos : à Monsieur Bonnard, négotiant. »

A. n. F⁷ 6232, n° 631.

9. Juliette de Becdelièvre à Bourmont.

Au Grumesnil 12 janvier 1797.

« Achevez de tout dire, calmez nos vives alarmes ou les augmentez ; peut être n'est-ce pas pour Mr de B. que vous craignez les recherches mais pour un autre qui nous intéresse davantage, pour qui nos cœurs tremblent ; ah ! dites le lui et que ses amis n'ont nulle inquiétudes pour eux, qu'ils ne sont occupés que de son sort, on en gémit, on le partage, hélas c'est tout ce que l'amitié et l'impuissance peuvent faire ; je vous conjure, donnez nous de ses nouvelles et dites la vérité sur son état au nombre des personnes qui sont ici et qui l'aime une particulièrement veut que je la nomme et que je fasse parvenir jusqu'à lui l'intérêt et l'amitié la plus tendre, est en un mot ma tante de La R..... On parle souvent de lui, combien on est touchee de sa position ; quelque part qu'il soit, je vous recommande de nous faire passer un petit mot. Nous ne nous attendions pas a ce nouveau sujet de séparation ; mais tant que son état ne sera pas dangereux on saura tout supporter, il n'est pas nécessaire de l'engager au courage, c'est une vertu qu'il connaît et qu'il sait pratiquer ; adieu, cher et malheureux cousin, comptez à jamais sur la plus tendre amitié,

JULIETTE (p.)

A Monsieur Bonnard, négotiant. »

A. n. F⁷ 6232, n° 738.

10. Émilie de Becdelièvre à Bourmont.

Mercredi 11 avril [1797].

« Je vous conjure, mon cher cousin, de clamé (sic, pour calmer) les craintes que votre tendresse vous a inspiré pour nous, la promptitude avec laquelle elle s'est alarmée me prouve la bonté de votre cœur, vous l'avez écouté dans la lettre que vous m'écrivez, je suis désolée que vous soyez inquiet de notre santé, elle est parfaitement bonne et rien, je crois, ne peut l'alterer.

Le petit marchand se conduit a merveille, il est impossible de faire des réponses plus spirituelles, il est gai et tranquile, comme il ne sait pas lire, on ne lui a trouvé ancun papier, je craignais mortellement que cette petite histoire ne causa une impression vive et facheuse a son principal associé et vous savez combien nous aimons cet associé, ah ! si vous le voyez, dites lui bien que son bonheur et sa tranquilité sont notre unique desir.

Je vous le répète encore, tranquilisez-vous sur l'etat de la fortune de vos parens vous n'avez nullement diminué leur crédit, ce seroit avec transport que j'exposerois le mien si cela m'était possible pour un comerce que j'aime passionément. Maman et ma sœur sont encore à Paris, elles me mandent que l'air de Saint-Germain est très salutaire pour la maladie dont vous etes ataqué. Ménagez donc, cher cousin, une santé si intéressante pour vos amis et croyez qu'a ce titre je me mets au premier rang.

E.

Au dos : Mr Bonn[art]. »

A. n. F7 6232, n° 632.

11. Madame Lambert à Bourmont.

28 septembre [1797].

« Nous avons reçu mon cher ami ta lettre du 1er septembre par laquelle tu nous marques que tu vas t'occuper de procurer à maman des facilités pour aller te rejoindre. Je pense que l'air de France vaudroit mieux pour sa santé que toutes les drogues imaginables et d'ailleurs je crains bien quelle ne souffre cet hiver de la modicité de ses ressources. — Depuis longtemps nous soupconnions qu'elle se laissoit manquer de beaucoup de choses nécessaires nous lui offrions de tems en tems de l'argent, elle repondoit qu'elle en avoit encore de celui que tu lui avois envoyé. — Depuis quil est fini, nous lui donnons 10 livres sterling par mois qui avec 4 guinées de secours font 14 livres 4 schellings; nous avons eu dernièrement a ce sujet une conversation avec M. labbé Boutelet (qui demeure chez maman) qui nous a avoué qu'effectivement elle s'étoit souvent privée de choses nécessaires à sa santé faute d'argent. Cependant depuis le mois de septembre de l'année dernière, elle a touché a notre connoissance 326 livres sterling tout cela est dépensé, et elle a en outre des dettes dont nous ignorons le montant. Si donc en dépensant 25 livres par mois l'un dans l'autre, maman a souffert du besoin, que sera-ce lorsqu'elle n'aura que 14 livres, nous voudrions bien pouvoir lui donner plus de 10 livres par mois, mais nous sommes nous même très arriérés, ayant été obligé de prendre l'année derniere environ 400 livres sur notre capital et si nous n'eussions pas obtenu un traitement du gouvernement, nous eussions été depuis longtems obligés d'aller vivre dans un village d'Allemagne, mais ce traitement n'est aucunement assuré. C'est un secours qui nous est payé par la caisse des émigrés laïcs et pour lequel nous n'avons même obtenu aucun titre par écrit de manière qu'à chaque mois il peut nous être retiré. Nous espérons bien encore toucher quelque chose des anciennes repétitions que mon mari a sur le gouvernement mais naturellement ces fonds doivent être employés à remplacer ceux que nous avons pris sur nos capitaux cela est même formellement prescrit par notre contrat de mariage. Tu es sans doute étonné que la dépense de maman ait monté aussi haut, cela vient du renchérissement excessif de toutes les denrées, de son etat de maladie habituelle, et de l'arrangement de menage que tu connois. — Nous voudrions pouvoir remédier à cette troisième cause, mais cela nous est impossible pour plusieurs bonnes raisons. — Ne compte plus sur la ressources de ses diamants et de ses dentelles, nous avons appris il y a quelques jours que depuis plus d'un an la totalité de ses diamants et la plus grande partie de ses dentelles lui ont été escamotés, mon mari lui a demandé par qui et comment, elle a répondu que, la chose étant absolument sans remede, sa conscience ne lui permettoit pas de nommer personne, nous avons insisté respectueusement, mon mari et moi, nos instances lui ont été très désagréables. Maman nous a expressément défendu de lui en parler davantage, elle a même forcé mon mari à lui promettre de ne point t'en écrire. Pour moi qui n'ai rien promis, je crois, d'après l'avis de personnes de bon conseil devoir t'instruire du tout regardant que l'intérêt de maman l'exige. Mais en même tems j'attends de ton amitié que vis a vis d'elle tu ayes l'air de ne rien savoir. — Toute représentation a ce sujet n'auroit d'autre effet que de l'affliger prodigieusement et de me compromettre avec elle. — Quant au secret en lui-même tu n'en sauras jamais plus que nous. — Reflechis a tout ceci, mon cher ami. — Si tu change d'avis sur le retour de maman en France, fais tes efforts pour ajouter quelque chose à ce que nous lui destinons. Si au contraire tu persistes à la rappeler; nous t'offrons de tout notre cœur dans le cas où tu n'aurais pas les moyens de l'y faire subsister de t'envoyer les mêmes 10 livres que nous lui donnons ici et avec lesquelles elle serait plus à son aise en France qu'elle ne peut être ici avec 40 livres. Je dois te prévenir que lorsque mon mari lui a montré ta lettre du 1er septembre elle a dit quelle avoit désiré de rentrer en France lorsqu'elle croyoit que sa présence pouvoit sauver quelques débris de sa fortune mais que si le tout étoit perdu sans ressources elle ne se soucioit plus de partir, quelle ne vouloit pas ajouter aux embarras de ta situation politique. Cette considération frappe beaucoup mon mari ainsi que moi. Il est possible qu'elle fasse obstacle au retour de maman, c'est à toi en juger mais si tu ne crois pas nos appréhensions fondées et que tu entrevoyes que par sa présence maman put rattraper quelque chose de ses biens, ne manques pas de le lui mander. Car alors elle se déciderait bien plus facilement à partir. — Je n'ai pas besoin de te recommander le plus absolu secret sur tout le contenu de cette lettre. — Adieu, mon cher enfant, je t'aime et t'embrasse de tout mon cœur ainsi que le grand J. ta sincère et bien tendre amie.

DONA.

Je prie tous les jours pour toi afin que Dieu veuille bien te préserver de tout accident pour le corps et surtout pour l'âme. Surtout n'oublie pas tes bonnes résolutions du jour même ou de la veille de ton départ, aimes Dieu confies toi en lui et tout ira bien pour toi. »

A. n. F7 6232, n° 619.

12. Madame Lambert à Bourmont.

Sans date.

« On débite ici une quantité de nouvelles, mon cher ami, je veux me flatter qu'elles ne sont pas aussi mauvaises qu'on le dit. Donnes nous en de tes nouvelles et mandes nous ce qui en est. L'argent que tu avois envoyé à maman est déjà presque dépensé, sa maladie l'ayant forcée de contracter des dettes et la foiblesse dans laquelle elle continue, nécessite un régime très cher. Il lui faut de 25 à 30 louis par mois. Taches de lui en envoyer bientôt. Adieu, mon cher enfant, n'oublie pas au milieu des divers évènements celui qui les règle tous, resigne toi courageusement à tout ce qu'il lui plaira d'ordonner. Ayes en lui une entière confiance et crois qu'il saura tirer sa gloire et notre propre avantage de ce qui nous paroit y etre le plus opposé. Les méchans ne triomphent jamais longtems, tôt ou tard la justice céleste sait bien en tirer vengeance. Ta bonne amie à jamais. »

A. n. F7 6232, n° 477.

13. Le Commissaire du Directoire exécutif près de l'Administration centrale du département de la Loire-Inférieure au ministre de la Police générale.

Nantes, 22 frimaire VI. (12 décembre 1797.)

Étiennette Cornuaille, 26 ans, arrêtée à Riaillé, dit que Bourmont n'était plus avec eux mais en Normandie chez la veuve Becdelièvre.

A. n. F7 6232, n° 29.

14. **Le ministre de la Police générale, au Commissaire du Pouvoir exécutif près le département du Calvados.**

Paris, 3 nivôse VI. (23 décembre 1797.)

«Le nommé B., émigré rentré, chef de Chouans, à la trace de qui la Police est depuis si longtemps sans avoir encore pu l'atteindre m'est signalé dans la maison de la citoyenne veuve Becdelièvre au Menil Frementel. » L'arrêter.

A. n. F[7] 6232, n° 28.

15. **Juliette de Becdelièvre à Bourmont.**

Sans date.

« On vous porte un portefeuille de ma part, il n'a plus la fraîcheur du moment, je ne voulais pas le donner on l'a saisit en disant qu'il vous ferait encore plus de plaisir, je ne prend rien sur moi, je suis au désespoir d'envoyer un horreur pareil, j'en ai toute la honte, mais prenez vous en a celui qui vous le remettra; il voulait absolument être chargé de quelque chose pour vous. Son air fin m'a embarrassé, il voulait un ouvrage de mes mains, je n'en avais point, je l'ai regretté, mais je n'ai osé mettre un petit mot dans le portefeuille il arrivera seul, si il est mal reçu tam pis! je n'en dirai pas autant de ce petit billet, je voudrais qu'il pu réparer ma sotise; et exprimer toute ma tendresse, mais j'ai peur qu'il prouve encore ma bêtise et ma timidité.

JULIETTE. »

A. n. F[7] 6232, n° 686.

16. **Madame de Becdelièvre à Bourmont.**

Nantes, 8 ventôse an VIII. (30 septembre 1799.)

« Je vous ai écrit hier, mon cher ami; mais il me semble que je voudrais me livrer tous les jours à cette douce occupation, vous ne pouvez concevoir à quel point je vous suis attachée et combien je désire de vous donner le doux nom de fils, il vous sera acquis au premier moment dont nous pourrons disposer: mais tachez de profiter de la bonne volonté du premier consul pour arranger l'affaire dont je vous ai parlé hier, ce serait un bonheur inespéré pour nous et qu'il me serait doux de vous devoir; je viens de recevoir une lettre du Cap adressée à ma mère, on lui mande que tous ses papiers sont en régle, qu'elle est déclarée citoyenne francaise et qu'elle peut jouir de son habitation c'est-à-dire de la moitié, l'autre moitié étant a Mademoiselle de Menou qui n'a pas produit les mêmes titres, en conséquence on lui annonce qu'elle touchera quelque chose aussitôt qu'il sera possible; mais le malheureux événement qui nous a privé de ma mère nous prescrit d'en donner connaissance au Cap et d'y faire passer l'extrait de ma mère et les certificats de résidence de toutes ses filles, nous sommes quatre qui pouvons bien prouver que nous n'avons jamais sorti du territoire de la République : mais cela ne sufit pas, si nous ne pouvons prouver pour Sophie, le sequestre sera mis de nouveau et toute espérance nous sera enlevée, voyez donc mon cher ami si vous ne pouvez rien faire pour elle, nous ne ferons aucune démarche jusqu'au moment où vous nous aurez donné quelques lumières à ce sujet, il me semble que vous pourriez obtenir son rappel.

On assurait que les femmes ne seraient pas comprises dans les loix aussi rigoureuses que celles qui frappent les hommes. Dites moi ce que je puis espérer vous savez combien je m'intéresse à Sophie. Donnez moi de vos nouvelles le plus que vous pourez, je commence à renaître au bonheur, si j'ai l'espérance de faire le vôtre, mes deux filles vous disent mille tendres choses. Juliette surtout pense sans cesse à son ami. Je puis vous l'assurer car elle prend sa mère pour son amie et sa confidente, je donne à Emilie une petite explication de la lettre que je vous écri[vis] hier. Elle vous en fera part je ne la rep... (déchiré) pas étant accablée d'écritures. Adieu mon cher (déchiré) mon enfant, Ludovic m'écrit qu'il est transporté de vous posséder. Etes vous content de lui ? Je vous embrasse mille fois tous les deux.

Il m'est revenu, mon cher ami, que toutes les belles raffolaient de vous, prenez y garde je saurais venger le grand J.

Ce n'est pas moi qui ai fait le grand J.

De la main de Juliette de Becdelièvre : Que penserez vous de cette plaisanterie, c'est maman qui m'a joué un mauvais tour et moi que penserai-je de vous. Tout le monde s'empare de vous. Je connais une personne qui me dit tous les jours qu'elle vous aime beaucoup, mais beaucoup et même qu'elle veut vous épouser. Si vous voulez je vous dirai qui c'est.

Au dos : A la citoyenne Sophie chez
M. Garneau, n° 103, rue de la Lune,
au coin de la rue Poissonnière. »

A. n. F^7 6232, n° 622.

17. Juliette de Becdelièvre à Bourmont.

20 octobre 1799.

« Malgré tout le plaisir que j'ai eu à recevoir votre aimable lettre ; j'ai pleuré en la lisant ah ! cher cousin, vos chagrins ont affligé mon cœur ! je suis penetrée des nouvelles que vous nous donné, tachez cependant de nous faire parvenir toutes celles que vous pourez elles sont trop intéressantes pour que vous nous laissiez dans l'incertitude, votre douce colère ne m'effraye pas, je ne la trouve helas que trop naturelle et si je ne retenais les élans de la mienne; je crierais plus haut que vous ; il est cruel de sacrifier son existence pour ceux qui nen sentent pas le prix et de voir toujours le sort contraire aux vœux les plus dignes detre exaucés; oui je vous l'avoue je vous le dis nous n'avons d'espoir qu'en vous ah ! si je vous fais aimer cette existence si précieuse pour tant de monde, soyez sur que je mettrai tout mon bonheur à la rendre heureuse et agréable. — Nous n'avons qu'un moment pour répondre à vos touchantes lettres ; ma bien aimée maman vous écrit elle vous peint mieux que moi tous les sentiments de son cœur et du mien si vous venez à N. vous trouverez des bras et des cœurs pour vous recevoir. O que Dieu veille sur des jours si chéris, conservez les pour ceux qui vous aiment.

JULIETTE.

Emilie, Felicie vous disent les plus tendres choses du monde, elles sont bien occupées de vous et de tout ce qui vous intéresse. »

A. n. F^7 6232, n° 647.

18. Madame de Becdelièvre à Bourmont.

10 décembre 1799.

« Le plaisir de vous voir, mon cher neveu, si doux si agréable pour mon cœur ne devait avoir que des suites heureuses mais cependant il a été au dessus de mes forces, depuis votre départ j'ai totalement perdu la voix, il m'est impossible de pouvoir prononcer un mot, je vous dirai donc bien bas que votre chère cousine est contente, elle me répète sans cesse qu'elle ne peut comprendre comment elle a osé dire oui, qu'elle vous aimait bien comme son cousin, qu'elle faisait les plus tendres vœux pour vous, mais qu'elle n'avait jamais pensé à une union qui dut la raprocher plus intimement de vous, c'est inoui, dit elle, maman, je ne conçois pas ce qui s'est passé dans mon cœur, mais j'ai promis, je suis contente, je suis bien aise; elle ajoute que le ciel semble favoriser vos projets et cette idée ajoute à la certitude de son bonheur. Après cet aveu, mon cher ami, vous imaginez bien que je ne mettrai pas d'obstacles à vos désirs, mais il est nécessaire que nous puissions causer ensemble, comment fixer un terme, comment vous donner ma fille cherie sans fortune et sans avoir mis quelqu'ordre à mes tristes affaires, je voudrais qu'elle put vous offrir le trône du monde, il serait le prix de l'honneur et de la vertu, je voudrais encore que vous fussiez mariez d'une manière convenable non avec ostentation mais cependant publiquement, il faut que ma Juliette puisse avouer son époux a la face d'Israel et dans la position ou nous sommes, jugez des difficultés je ne veux pas d'une union secrette, ce serait une autre espece d'embarras, il nous faudra aussi des dispenses, tout cela prend du tems, il faut donc nous concerter avant de déterminer une époque, faites moi avertir un jour ou deux avant celui ou vous viendrez à ma campagne afin que je puisse m'y rendre avec mes enfans et mes tantes s'il est possible, elles vous comblent des plus tendres bénédictions, et je ne puis vous rendre l'étendue des miennes, j'accepte avec sensibilité, avec gloire, le titre de mere que vous voulez me donner d'avance, je ne disputerai a ma sœur que l'avantage de vous aimer autant qu'elle, mes larmes coulent, rendez moi, o mon cher fils, tous ceux que j'ai perdus, je les retrouverai dans votre cœur, j'ai reçu le cheval de provision et celui de Juliette, gardez je vous prie les deux jumens pour peu qu'elles vous soient utiles, commencez par en agir franchement avec moi, si vous le voulez, gardez les; si elles vous sont plus incomodes qu'utiles, renvoyez les, dites à leur conducteur que sa femme est accouchée le plus heureusement du monde d'un gros garçon le matin de votre départ, la mère et l'enfant se portent à merveille, si vous l'amenez avec vous a votre premier voyage, il verra sa femme et son fils qui est nouri à ma campagne, mes filles et mes tantes me chargent de mille tendres choses pour vous, votre sensible amie vous écrit, je ne veux pas voir sa lettre, ne suis-je pas bien bonne?

Vous n'imaginez pas tout ce qu'on débite ici, on assure que la suspension d'armes est rompue notre ville est remplie de troupes, les uns disent qu'elles y resteront, d'autres qu'elles vont partir, j'ai 8 soldats pour mon compte, on dit que les jacobins au nombre de cinq mille veulent tout mettre à feu et à sang, j'ai peur de ce propos, d'autres disent que Mr de Sur... est revenu, qu'il est en prison, qu'il est ici, qu'il est là, ce qu'il y a de sur c'est que si je le *connaissais,* je lui dirais de ne pas passer par la ville si les hostilités recommançaient, il faut epargner des crimes aux gens aveuglés et l'exallatation (sic) est ici au comble, on la doit, dit on, au général Grigny, adieu, mon cher neveu, mon cher fils, que de titre qui vous repondent de mon eternelle tendresse.

J'écris à votre respectable ami.

La dame habillée en homme me persécute, qu'en faire? elle veut s'établir chez moi, j'ai dit non.

Au dos : **Mon neveu.** »

A. n. F^7 6232, n° 634.

19. Juliette et Émilie de Becdelièvre à Bourmont.

Mardi soir, 10 décembre 1799.

« Ah oui! ces deux jours de retard m'ont paru bien longs; je suis prete à pardonner, mais mon cœur s'affligeoit déjà, non pas, cher cousin, que je crusse le vôtre capable de négligence; la crainte de quelques événemens fâcheux m'inquiétait; ô jugez, jugez combien je souffrierai de voir votre vie et votre repos troublés et exposés à des dangers qui me fait frémir; malgré ma timidité je sens que vos vertus et votre courage m'élèvent et me donne la force de tout supporter pour la cause que vous déffendez, cependant pensez à vous, songez à moi ah! vous le savez, a present ma vie est attachée à la vôtre, cette idée ne vous la fera-t-elle pas conserver? écoutez mes tendres vœux, ceux de toute ma famille ma chère bien aimée Maman vous écrit, elle redouble ses bontés et ses soins pour moi et je vous assure qu'elle sait rendre ses enfants heureux! Sa tendresse m'a été bien nécéssaire pour m'aider a soutenir tout ce qui s'est passé dans mon cœur depuis huit jours, cher cousin, vous l'imaginez, votre cœur saura entendre le mien, exprimez tout ce qu'il sent à votre digne et respectable ami, je suis pénétrée de ses bontés, de sa tendresse, il est votre pere, il sera le mien, dites lui combien mes sœurs et moi sommes sensibles a son souvenir. Venez nous voir pour vous y engager, je vous dirai que nous parlerons du *temps*, mais ne nous laissez rien ignoré de ce qui vous regarde, écrivez nous, envoyez souvent à la S..., tout cela est devenu un besoin que vous devez satisfaire. Ma tante de M. est bien contente, elle a pleuré de joie en me bénissant, elle desire beaucoup de vous revoir, pour moi privée de ce plaisir et de vos lettres, je ne puis vous dire de quel bien a été pour moi le cachet que j'ai reçu de votre touchante amitié, il va aussi être le seau de ma lettre; pardonnez en le désordre, je ne suis pas remise de toutes les sensations qu'a éprouvé mon cœur.

JULIETTE.

Félicie vous embrasse. Émilie va vous écrire.

Comment quelques lignes pourraient elles exprimer ce que je n'ai pu dire, ce que je sens si bien; les larmes que nous versâmes après votre départ, celles que nous repandîmes en voyant nos amies en leur annonçant une nouvelle si intéressante pour leurs cœurs, si douce pour les nôtres, vous eussent tenu un langage plus éloquent plus persuasif que le mien. — Ah! celui qui depuis si longtemps excite notre admiration, fait notre gloire, qui désormais sera chargé du bonheur de ma bien aimée sœur, doit être sur de de tous les sentiments

D'EMILIE.

Au dos : Mon cousin. »

A. n. F^7 6232, n° 644.

20. Madame de Bourmont mère à M. Richard.

20 décembre 1799.

« Mon cher bon Richard, c'est par un mieux qui se soutient depuis samedi que j'obtiens enfin la permission de vous écrire..., jusques là on n'a jamais voulu me le permettre et j'étais si faible qu'il fallait que je fisse malgré moi la volonté de tout le monde, mais dans ce moment je commence a user de la mienne, et c'est une sincère satisfaction pour moi de vous dire un petit mot. Votre lettre du 14 septembre me parvint deux jours avant celle de mon fils qui était de même datte, elle me fit verser bien des larmes, puisse le ciel qui vous a protégé tous deux jusqu'a présent vous proteger toujours! Je l'espère et le demande chaque jour et bien des fois chaque jour. On nous dit les meilleurs choses de votre situation et de vos succès. Donnez moi de vos nouvelles, de celles de mon fils, de M. Le Bodi..., de M. de Gué..., toutes les fois que vous le pourrez. M. Le Lucc... m'a fait par de votre lettre, je vous félicite d'avoir si bien célébré la fete de votre glorieux patron; brave comme lui, vous serez toujours heureux d'etre chrétien fidèle comme lui et vous ne pouvez vous proposer un plus beau modèle. Voilà qu'on crie après ma lettre parce que l'officier de l'armée de Chatillon qui la doit porter part tout à l'heure, je voulais vous ecrire bien des choses, ce sera pour une autre fois, mon fils vous dira comme j'ai été malade, dites lui que je continue à mieux aller. On ne peut me donner le tems de le lui dire moi même. Adieu donc, mon cher Richard, que tout le bonheur que je vous souhaite vous arrive, vous n'en sauriez désirer davantage.

Au dos : M. Richard.
Armée du Cte de Bourmont. »

A. n. F^7 6232, n° 790.

21. Madame de Becdelièvre à Bourmont.

Ce 28 décembre 1799.

« Je profite, mon cher ami, d'une occasion sure pour répondre à votre lettre, mais je commence par vous gronder de ne pas m'avoir une adresse quelconque pour vous écrire, vous imaginez bien avec quelle impatience, je desire de vos nouvelles dans ce moment ci surtout ou tout ce qu'on entend est contradictoire et déchire le cœur, quelque désir que j'aye de vous voir, je vous jure que je serais au désespoir que vous fissiez la moindre démarche qui put être blamée, je tiens à votre réputation autant que vous même c'est tout dire; non, je n'ai pris aucune mesure pour avancer le moment que vous désirez, je vous mandais seulement que pour pouvoir en fixer l'époque, il fallait vous revoir, mais, mon cher enfant, après avoir tant attendu, il faut attendre encore pour faire bien; il ne convient ni a vous ni a votre amie, ni a celle que je regarde comme votre mère, de contracter des engagemens qui pouraient nuire à votre gloire et faire douter de vos principes, vous avez notre parole, c'est tout pour le moment, le Ciel aplanira le reste, ne craignez pas que je vous demande pour aucun motif particulier un sacrifice que je rejetterais s'il m'était offert par vous, faites ce que vous devez faire, ne songez qu'a cela, vous jouirez ensuite de la récompense.

Je vous avoue, mon enfant, que je suis persuadée des sentiments d'honneur qui vous conduisent, votre nom n'est prononcé qu'avec attendrissement et même avec respect, une negociation à la tête de laquelle vous êtes ne peut avoir qu'une fin glorieuse, mais défiez vous et pensez qu'il y a encore des corbeaux qui croassent, on ignore les conditions que vous proposez, on ne peut les concevoir, on ne concoit point les acomodements, on crie, il n'y a qu'une seule manière de faire la paix, ou cette maniere ou la guerre. Hélas qu'on parle donc à son aise, quand on ne court aucun danger, j'ai promis de me taire et cent fois le jour je me mets en colère, o mon enfant, suivez votre conscience et vos ordres, voilà tout ce que je puis dire, vous ne pouvez jamais vous égarer, je ne désire d'après tout ce que j'entends qu'une chose, c'est que quelque détermination que vous preniez vous ayiez au moins la faculté ou plutot la liberté de dire tout haut on l'a voulu ainsi, ah ce n'est pour moi que je parle, la conviction est dans mon cœur.

Si vous le pouvez, écrivez nous souvent, un mot nous suffira, faites mille complimens pour moi au Baron, agréez mille tendres choses de la part de vos cousines et de vos tantes, je vous rends mille graces d'avoir écrit à Ludovic, j'en suis pénétrée, si vous avez une minute vous voudrez bien écrire un petit mot commun a mon frère et a ma sœur à Paris. Emilie a été saignée hier deux fois, elle n'est pas mieux, mais on espère beaucoup d'un nouveau regime qu'on va lui faire suivre, il nous est impossible de soutenir le spectacle de ses cruelles souffrances. Notre chère Juliette tousse beaucoup, elle a grand besoin de repos de tranquilité; mais par dessus tout, elle désire la gloire de son ami, soyez donc bien à votre aise, mon enfant, nous partagerons tous vos sentiments, nous jouirons de votre paix, si elle est honorable, nous courrerons vos dangers si vous ne pouvez les éviter. C'est par la ressemblance d'opinions et de sentiments que nous sommes dignes de vous.

Mon cher ami la providence est venue à mon secours, j'ai 25000 fr. tout prest pour envoyer à notre mauditte dame, si je ne puis trouver ni lettres de change ni rien, pouriez vous trouver le moyen de les faire parvenir à Paris, repondez moi sur le champ, vous pouvez me [repo]ndre aussi par la personne qui vous remettra ma lettre, oh que je serais contente si je pouvais me débarasser de cet argent. De grâce, rendez moi ce service. »

A. n. F^7 6232, n° 695.

22. Madame de Becdelièvre à Bourmont.

29 décembre 1799.

« Je profite, mon cher ami, de l'occasion du Breton que vous avez vu à mon service à Paris pour vous écrire un petit mot, vous pourrez me repondre par lui et me mander tout ce qui concerne nos affaires; je vous ai fait demander par M. de la Ch., auquel j'ai écrit ce matin, si vous pouviez faire passer mon argent à Paris, il vous racontera tout cela et je ne doute pas que vous ne fassiez tout ce que vous pouvez faire pour moi; je suis trop heureuse d'avoir trouvé cet argent et en même tems je suis bien embarassée pour le faire parvenir à Paris.

Depuis quinze jours il y a un prêtre nommé Gauthier, ex vicaire de Château Briand qui est en prison, on prétend qu'il était nommé aumônier de M. de Cha... et que s'il le reclamait il sortirait. Je ne sais pourquoi je vous parle de cela, c'est que les *ont dit* ne finissent pas.

Émilie souffre toujours, Juliette a aujourd'hui une forte migraine, mais j'espère qu'il n'y paraîtra pas demain. Adieu mon enfant, mon cher ami, je vous aime et vous embrasse de tout mon cœur. Au nom du plus vif intérêt écrivez à celle qui vous aime comme son enfant. Je vous souhaite une bonne année. Cette phrase est bien triviale, mais je défie aucun sentiment de surpasser celui que vous m'inspirez.

Au citoyen Neveu à Angers. »

A. n. F^7 6231, n° 703.

23. Juliette de Becdelièvre à Bourmont.

Ce [blanc] janvier 1800.

« Le commissionnaire qui a apporté votre lettre, vous porte le portrait; ô mon cousin aime et cheri que cette image soutienne et ranime votre courage et console votre cœur; cependant nous n'en sommes point contentes, il n'exprime point ce que je sens pour celui qui voudrait passer sa vie avec moi, on le trouve aussi plus âgé; malgré ses défauts, pour qu'il vous plaise davantage j'y joins une petite chaine de mes cheveux, il n'est pas étonnant que ce que nous aprenons chaque jour laisse dans nos traits une impression de tristesse que nous conserverons longtems; et puis vous même me donné la force de vous engager a vaincre; je sais que la division de vos amis vous ôte de grands moyens; avec quelle adresse on a su les éloigner de vous; on vous craignait; vous etiez trop fort. Mais combien l'opinion générale, la confiance et la renommée vous en rendent de moyens; tous les yeux sont fixés sur vous; il semble que vous décidez du sort de la F... Vous remettrez le R. sur le t.., ô si jamais il recouvre sa c.., ce sera par vous qu'elle lui sera remise sur la t... Voilà ma façon de penser, mais que dis je, helas je ne veux influer sur rien, j'en suis incapable, eh! l'oserais-je! je ne peux plus vivre sans savoir de vos nouvelles; mes compagnes en disent autant; il est des siècles a present avant qu'elles nous parviennent, ah tachez qu'il y ai[t] toujours quelqu'une en route, si il vous est possible. Nous serons peut être bientôt privé de ce bonheur. Un autre grand chagrin se prepare pour moi, Émilie va se separer de nous pour peu de tems a la verite, a l'idee de cette separation mon cœur se brise; elle ne sera pas longue, je l'espere mais elle est cruelle, elle part pour Paris; pour consulter sur ses terribles souffrances. Quel moment pour se quitter; si jamais le repos et le calme renaît dans notre âme, nous nous croirons sous une nouvelle émisphere, je vous en conjure encore, deffiez-vous des R... E... Soyez au dessus de la trahison, de la *jalousie*, de l'envie. Vous ne pouvez croire à la méchanceté des hommes. Je trouve aussi cette necessite bien dur, je n'ai pas besoin de vous dire que le vif intérêt et la tendre amitié conduit ma plume ; vous aurez de l'indulgence pour le motif. Je ne parlerai plus. Voilà la dernière fois. Ah ! ne savez vous pas mieux que nous ce qu'il faut faire. Mais ne savez-vous pas aussi que c'est le cœur qui conduit. Mes tendres sœurs vous embrassent.

A l'instant où vous aurez reçu les lettres et la petite boîte, écrivez un mot. »

A. n. F⁷ 6232, n° 655.

24. Madame de Becdelièvre à Bourmont.

4 janvier 1800.

« Puisse l'année qui commence, mon cher ami, être plus heureuse pour vous que les précédentes, tels sont les vœux de mon cœur, de ce cœur qui éprouve pour vous toute la tendresse maternelle, je ne puis vous exprimer à quel point je vous suis attachée, j'ai retenu longtems l'effusion de mes sentimens, mais je vous ai tout avoué et depuis cet instant c'est pour n'en plus revenir, tout doit être commun entre nous, peines, plaisirs, espérances et douleurs. Je profite du départ de Madame Alexandrine de Goyon pour vous écrire, cette aimable dame m'a promis de vous voir et de vous demander s'il vous est possible de me faire passer tout de suite à Paris les 25,000 livres dont je vous ai parlé; songez, mon cher ami, combien cette affaire est importante pour moi puisque cette malheureuse femme m'a mis le pied sur la gorge. Si elle n'a pas cet argent incessamment, elle s'empare d'une terre de vingt mille livres de rente. Mandez moi donc si vous pouviez me rendre ce service; si vous (sic) le pouviez, il faudrait le remettre à la diligence, et y serait-il en sûreté. Hélas nous ignorons tout, aurons-nous la paix ou la guerre ? Cette incertitude nous déchire, serons nous privés du charme de vous voir ou nous réunirons-nous bientot. Si vous le pouvez, consolez et tranquilisez nos cœurs. Votre petite amie est fort enrhumée et un peu malade, voilà ce que je craignais, cette âme si sensible et qui pour la première fois laisse aller sa tendresse, craint tout pour vous et souffre cruellement, rassurez la et dites ce que vous pourez. Mon Émilie souffre toujours aussi, je ne peux vous envoyer aujourd'hui sa consultation. Toutes les trois vous disent mille tendres choses, mes tantes s'y joignent, ô mon enfant, portez vous bien et croyez que je ne puis céder qu'à une seule personne le droit de vous aimer autant que je le fais. J'ai été parfaitement contente des articles que j'ai vus et qu'on dit être envoyés par les royalistes aux consuls. Nous voudrions savoir s'ils ont acceptés ou s'ils ne le sont pas. Ne pourrai-je donc vous voir ? Je m'en rapporte à vous pour tout ce qui sera bien et possible. Adieu, mon cher bien aimé, mon cœur est tout à vous, mon fils est comblé de la lettre que vous avez bien voulu lui écrire, il me mande qu'il me fera passer sa réponse, ignorant votre adresse, il est ravi, transporté de votre amitié, pardonnez si j'ose encore vous prier d'écrire à mon frère et à ma sœur, ils ont été touchés de votre silence. Adieu, adieu, entendez et recevez tous mes vœux.

Cette lettre était écrite quand j'ai reçue la vôtre, nous vous embrasserons demain, nous serons avec vous s'il est possible pour dîner. Nous vous embrassons de tout notre cœur.

Au dos : Pour mon neveu. »

A. n. F⁷ 6232, n° 628.

25. Juliette de Becdelièvre à Bourmont.

4 janvier 1800.

« Maman m'engage à mettre un petit mot dans sa lettre, je ne me fais pas prier, cet arrangement convient bien à mon cœur ; mais si vous saviez, ô cher cousin, il est navré, déchiré ce cœur qui sait aimer et sentir, le cri de guerre vient souvent fraper nos oreilles et je n'en puis soutenir l'image destructive, celui de paix vient parfois calmer nos cruels craintes, mais j'ai tort de vous dire combien cet important sujet nous touche, nous intéresse. Lorsqu'il faut que vous oubliez tout ce qui vous est cher et que leur souvenir ne trouble en rien vos opérations, ne jette pas le moindre nuage sur votre gloire et n'arète pas les exploits qui retentissent déja dans tous les cœurs. Pour quoi faut il, ah! pourquoi faut il que ce soit la tendresse et la plus vive amitié qui parle ainsi, qui mieux que vous connait cette voix du devoir hélas! cruel quelquefois, nous ne vivons pas depuis trois jours, l'incertitude des nouvelles nous tue, en grace dites nous, ah dites nous un mot, votre amitié et votre courage me consoleront.

JULIETTE (p.). »

A. n. F[7] 6232, n° 629.

26. Ludovic de Becdelièvre à Bourmont.

Paris le mercredi 8 janvier 1800.

« Je vous aurais écrit plutôt, mon cher cousin, si je n'avais pas eu des occupations indispensables qui m'en ont empêchées mais je profite avec délice du loisir qu'elles me laissent pour m'entretenir avec mon plus sincère, mon meilleur ami, celui que j'aurai bientôt le bonheur d'appeler du doux nom de frère et qui en tient déjà la place dans mon cœur, dans ce cœur qui lui est tout dévoué et qui voudrait mériter de remplacer dans le sien celui que nous pleurons et regrettons tous les jours, mais ce n'est ni des regrets ni des larmes qu'il faut verser sur sa tombe revérée, c'est par la mort et le sang de ses ennemis qu'il faut venger la sienne, mais le tems n'est pas encore venu ou je pourrai vous seconder dans ce noble emploi, mais espérons qu'il viendra et peut être plutôt que l'on ne pense et c'est alors que j'aurai part aux lauriers que vous allez ceuillir dans les plaines de Mars et [déchiré] satisfant (*sic*) ma vengeance et mon honneur je pourrai marcher sur vos traces et mériter une partie des éloges qui vous sont si justement dus. On parlent ici beaucoup des mécontens, les uns les blament de faire la paix, les autres disent que s'ils ne sont pas secourus, il font bien, enfin chaqu'un dit à sa manière, ce qu'il y a de sur, c'est qu'il y va une quantité de troupes incroyable; Bonaparte veut ou une paix absolue ou la guerre la plus terrible qu'on ai jamais vus, il veut ou les vincre tout de suite ou être vincu on dit même que si il voit qu'ils deviennent plus fort qu'il y marchera en personne, tout cela nous annoncent une guerre terrible, que de monde il va encor en couter a notre malheureuse France, adieu, mon cher cousin, mon meilleur ami, ha! [mena]gez vous, conservez vous, la vie doit vous être devenue plus chère depuis que vous devez la pa[rtager] avec notre aimable Juliette, vous sentez le prix [qu'elle] vaut vous savez l'aprécier, ainsi je n'ai plus qu'à vous renouveller l'assurance de ma tendresse, de mon amitié et de la vénération que vos vertus et vos actions ont su m'inspirer.

L. BECDELIÈVRE.

Au dos : Pour Sophie de B(ourmont). »

A. n. F[7] 6232, n° 653.

27. Émilie de Becdelièvre à Bourmont.

Lundi 9 janvier.

« La promesse que je vous ai faite, mon aimable cousin, a tant de charme pour mon cœur que je serais fort fachée de ne pas la tenir, et puis il se joint à ce désir celui de répéter la petite phrase, *je vous aime beaucoup*, mettez y le ton que vous voudrez et croyez que c'est une vérité encore mieux sentie qu'elle n'est exprimée.

Nous avions bien envie d'avoir des nouvelles de votre main, je ne suis point étonnée que les pensements du vieux curé ne vous ayent pas autant soulagé que celui de vos cousines, l'intérêt qu'il y a mis était surement fort diférent et cet intéret si vrai est le meilleur baume que je connaisse; il faut aussi vous dire un petit mot du menton (j'alois oublier que c'est le prétexte de ma lettre), il est presque guéri et ne me fait plus de mal. Adieu, cher cousin, je vous quitte avec regret, mais l'espérance de vous voir reste au fond du cœur et les adoucit; puissiez vous terminer heureusement vos affaires et revenir bientôt, ce sont là des vœux qui j'espère ne vous déplairont pas.

Émilie. »

A. n. F^7 6232, n° 708.

28. Madame de Becdelièvre à Bourmont.

19 janvier 1800.

« Je suis au desespoir, ma chère Sophie, que vous n'ayiez pas reçu toutes mes lettres et toutes les commissions que vous m'avez demandées, j'espère qu'elles vous sont parvenues, d'abord 44 arbres fruitiers à haute tige que mon jardinier a remis lui-même à un de vos commissionnaires et à peu près le même nombre à basse tige, ensuite quelques pièces de toile blanche et la petite boîte contenant des joujoux d'enfant, je serais désolée que toutes ces choses fussent perdues, on ne sait ce qu'on tient dans un tems comme celui-ci, nous espérions que la paix serait générale, elle n'est que partielle, et elle ne nous procurera pas les mêmes avantages. Les Vendéens sont, dit-on, enragés contre leurs chefs, ceux qui étaient sous les ordres d'un nommé Mr de Chatillon sont également furieux, ils veulent tous passer sous le commandement de Mr de Bourmont, jeune homme qui leur inspire une grande confiance et qu'ils jurent de ne jamais abandonner, il paraît que c'est en lui que les royalistes mettent toute leur espérance, il est malheureux qu'il serve une telle cause, mais tout le monde est persuadé, s'il le peut, qu'il profitera de ses avantages, un ancien officier veut lui mener toute la division Chatillon, s'il reste uni avec George qui vient de nous battre, La Prévalaye et Frotté, il peut nous faire bien du mal, on croit ce jeune homme capable de tout, on lui donne une tête admirable, un cœur incorruptible, on en fait le plus grand éloge, ses parens ne peuvent désavouer un tel sujet et s'en reportent à sa prudence.

Ah combien je voudrais, ma chère et tendre Sophie, que vous eussiez reçu ma dernière lettre, vous verriez que loin de combattre vos projets, j'ai le courage de les aprouver dans toute leur étendue, quoique votre voyage vous éloigne encore de moi, je sais sacrifier ma satisfaction et mon repos à votre santé et à ce qui vous convient le mieux. O Sophie, Sophie, jamais vous n'avez [été] plus chere à mon cœur, je vous recommande toutes les précautions nécessaires à un long voyage, ne vous associez aussi pour votre commerce que des gens sûrs, ne traitez pas avec les autres, songez qu'on peut être trompé même après une intime connaissance et défiez vous de tout ce qui ne porte pas l'empreinte de la franchise et de l'honnêteté, défiez vous aussi de ceux qui en imposent avec les apparences, ne jugez que d'après votre ame noble et pure, si vous ne faites pas de grands profits, vous n'en ferez au moins que de sûrs, mais je suis persuadée que ma chère Sophie réussira toujours quand elle suivra sa raison et son cœur. Nous avons été bien affligées de votre perte mais consolée par la revanche que vous avez prise. Votre petite amie était pénétrée de votre silence, elle vous envoye la boite que vous désirez, elle n'en est pas contente ni moi non plus, c'est cependant ce qu'on a pu faire de mieux ici, nous ferons mieux par la suite, vous croirez aisement que quand le cœur est affligé on se prête moins aux choses d'agrément, enfin, tel qu'est ce faible don, il est offert par la plus tendre sensibilité, il est accompagné de larmes, de vœux, de regrets, de désirs, de bénédictions. O ma Sophie, aimez tous ceux qui vous aiment plus que leur vie et donnez nous la satisfaction d'aprendre que le tout vous a été fidèlement remis. Nous avons répondu à votre maman, vous avez bien raison de croire que je serais touchée de vous voir vous séparer de vos compagnes, je pense entièrement comme vous.

Les douleurs d'une de vos petites amies sont si vives que je me suis décidée à envoyer cette pauvre enfant chercher du soulagement à ses maux, elle part vendredi prochain avec des personnes connues. Elle va retrouver son oncle, sa tante et son frère, j'espère qu'elle n'y sera pas longtems. Mais il faut absolument que je fasse ce sacrifice. Hélas depuis longtems j'y suis bien accoutumée. Tout ce qui m'entoure vous aime et vous embrasse. O Sophie, ma chère Sophie, je vous presse contre mon cœur, contre ce cœur qui ne respire que pour vous et vos amies, lisez le mémoire que vous trouverez dans la petite boite, vous en serez contente.

A la citoyenne Sophie Neveu, à Marigné. »

A. n. F[7] 6232, n° 654.

29. Juliette de Becdelièvre à Bourmont.

Ce 22 janvier 1800.

« Je devrais avoir la force de vous cacher tout le chagrin que vous m'avez fait, ô cher cousin, il y avait dix jours que nous n'avions reçu de vos nouvelles; mon cœur ne pouvait plus soutenir sa douleur; vos lettres, quoiqu'aimables comme vous, ne l'ont pas entièrement consolé! hélas! au contraire, peut-être même ont-elles encore augmenté ses peines, mais je vais vous affliger, et vous savez que le désir de mon âme serait de consacrer ma vie entière à votre bonheur; je ne veux point affaiblir votre courage, je devrais le soutenir et le ranimer; cependant, autant qu'il vous sera possible, ah! ne nous laissez pas dans une si cruelle et si affreuse incertitude. Cela tue, vous ne pouvez imaginer ce que nous avons souffert. La lettre de votre tendre mère m'a vivement touché, elle m'a fait grand plaisir, la sienne et les vôtres ont été arrosé de larmes; j'ai été pénétré de ses souffrances et de sa tendresse pour moi, je vais lui remercier dans une lettre que vous tacherez de lui faire parvenir si vous en avez les moyens. Mon cher cousin que ce moment-ci nous cause de craintes et d'allarme rassurez nous, ah! rassurez nous je vous en prie, vous êtes si bon, je ne dirai pas aujourd'hui que vous etes *fou* je suis trop *triste;* je ne vous envoye point encore ce que vous voulez avoir; il n'est point fini et d'ailleur je crois qu'il ne sera pas bien; avez vous reçu les bonbons en bon état, n'était-il point gâtés ou perdus? Mes sœurs et moi avions eu du plaisir à vous faire ce petit envoi; ces tendres amies sont les votres, elles ont été bien sensibles a ce que vous les nommiez du nom de sœurs, elles seront bien aises de porter ce titre, je connais leur amitié pour moi; la votre ne deviendrat elle pas la mienne; votre tendre et bonne mère m'appellera sa fille; ma chère bien aimée maman est la vôtre, elle me dit qu'elle vous aime plus que moi, du moins autant, qu'elle n'y fait pas de différence, je crois que je puis vous avouer tout cela, que ces rapprochemens sont doux, qu'il font de plaisir et de bien. Vous n'aurez pas le tems de lire ma lettre elle est déjà trop longue, il faut vous quitter. Adieu cher cousin ah je ne puis vous exprimer ce que je sens. J.

La pauvre Émilie souffre toujours. Je suis bien aise que vous ayez été content de la lettre de Ludovic.

Réclamez une petite boite dans laquelle il y a quelques cocardes et un petit paquet de reliques qui nous on été donné pour vous. Vous en ferez la distribution à vos amis. Vous en distinguerez une particulièrement pour vous, qui est arrangée dans un petit sac, il faut tacher de l'avoir toujours avec vous. Chaque personne prendra un petit sac, une bonne Vierge, de[s] relique[s] et un passe port pour le Ciel.

Au dos : Mon cousin de B. »

A. n. F[7] 6232, n° 651.

30. Madame de Becdelièvre à Bourmont.

Ce vendredi.

« Je suis bien affligée, mon cher ami, des nouvelles que vous me marquez et du retardement de la visite que j'esperais recevoir de vous, je suis un peu mieux : mais je vous avoue que je ne serai bien que quand j'aurai confié a mon enfant chéri le bonheur de ma fille bien aimée, dans tous les tems je n'ai eu qu'une objection a faire, elle est détruite sans retour, et fussiez vous a present le plus malheureux, le plus infortuné des hommes, le plus loin de vos espérances, ma fille attachera son sort au vôtre, voila la vérité de mon cœur et du sien, le votre mérite bien ce sentiment; oui j'ai fait une perte affreuse, une perte dont je ne me consolerai jamais, mais vous pouvez en adoucir l'amertume, quoique vous m'en rapelliez sans cesse le souvenir, vous voyez, mon enfant, que je ne vous cache rien de ce qui se passe dans mon ame, je tiens aussi aux anciens usages, aux mœurs de ma famille, sans avoir fait part de nos projets à nos parens éloignés, j'ai cru devoir en instruire mes sœurs, mon frere et surtout Ludovic malgré sa jeunesse, je connais son cœur et son extrême tendresse, c'est donc comme représentant son père et son frère que je lui ai demandé son agrément et son approbation; je saisis, ô mon enfant, tout ce qui peut élever l'âme, il m'a répondu : ô ma tendre mère, si je te donne ce consentement si désiré par mon cœur c'est cent, deux cent, million, dix millions, cent millions de fois que je vous supplie d'offrir mes vœux ardens, toutes les benedictions qu'auraient pu donner mon papa, mes frères, je les répands sur les deux etres que j'aime le plus au monde, il ajoute mille autres choses que je vous ferai voir, il écrit a sa sœur qu'elle unit son sort a un homme qui tout couvert de lauriers possede toutes les vertus qu'elle lui donne de son côté, les graces, la modestie, tout ce qui plait, tout ce qui attache, que d'après l'honneur que je lui ai fait et les droits que je lui ai donné, il la bénit au nom de ses parens et avec toute la tendresse fraternelle, o mon enfant, cette lettre m'a bien touchée, m'a bien fait pleurer, j'ose donc vous demander a mon tour de vouloir bien ecrire a cet aimable enfant, rue daguesseau n° 1343 faubourg Honoré à Paris, il sera comblé et je serai bien reconnaissante, je vous conjure puisqu'il faut que vous alliez à Angers de vous tenir sur vos gardes, o mon enfant, menager votre vie c'est en sauver bien d'autres, il doit vous être permis d'avoir une escorte, ne vous en séparez pas, défiez vous des trahisons, que le Baron ne vous quitte pas, nous ne concevons rien à cette nouvelle constitution, a quoi peut elle mener? quelle paix pouvez-vous faire? notre intelligence se perd et ne peut nous éclairer, si la guerre recommence, elle sera affreuse, nous ne pouvons que prier. Donnez moi de vos nouvelles par la poste, vous le pouvez, pourquoi le general Hedouville ne vient-il pas chez vous, tout cela me tourne la tête, je suis pourtant bien aise que vous ayez été choisi, j'aime tout ce qui prouve l'estime et l'attachement que tout ce qui vous connait a pour vous. Si vous venez à Nantes, je pense que vous y viendrez avec cette tête haute qui me plait tant et que je serai bien aise de montrer, ou vetu bien chaudement pour vous préserver du froid, je n'aime pas qu'on quitte les vêtements mal a propos, il faut en avoir pour toutes saisons, j'ai eu du chagrin les jours passés à cette occasion, mais vous mon cher enfant, vous ne faites jamais que ce qui est bien. Ma tante de la Mol. est assez malade, l'autre tante est bien, toutes deux vous aiment et vous embrassent tendrement. Si vous venez a Nantes nous arrangerons nos affaires et nos dispenses, mais surtout de choses menagez vous, songez a votre conservation, je ne veux pas retarder le départ de vos hommes, adieu, mon cher enfant, je vous aime de tout mon cœur, si je peux vous etre utile ici, disposez de moi. »

A. n. F^7 6232, n° 642.

31. Madame de Becdelièvre à Bourmont.

23 janvier [1800?]

« Il m'est impossible de vous rendre, mon cher ami, tout ce que j'éprouve depuis huit jours. Cet état était au dessus de mes forces, il m'était insupportable, j'éprouvais un resserrement de cœur, qui detruisait ma vie, une apparente tranquillité qu'il fallait manifester, me donnait l'air du désespoir et par conséquent ne remplissait pas mon but, tout cela venait de votre silence et des propos que j'entendais, on disait qu'il y avait eu une affaire et on ignorait votre sort, sans reflexion, sans examen j'étais abattue, épouvantée, et je vous grondais intérieurement de me laisser dans une si cruelle position, vous me pardonneriez si vous saviez à quel point je vous aime, je vous aurais porté dans mes entrailles, nourri de mon lait que ma tendresse ne pourait être plus vive, depuis que je me suis livrée à l'espoir de vous avoir pour fils il faut que je jouisse de ce bien ou que je meure, je me connaissais bien, je connaissais bien aussi votre petite amie, sa raison, sa candeur ne lui permettaient pas un désir, une pensée, elle faisait des vœux pour vous bien ardens sans doute, mais elle ne croyait pas qu'elle fût nécessaire à votre bonheur ni destinée à s'unir à vous, ce cœur si pur n'avait d'attachement que pour moi et je reculais toujours le moment d'éclairer son ame et d'ajouter à ses peines. Ce que j'ai prevu est arivé, votre choix la touche, votre preference l'honore, la reconnaissance, la nature et l'amitié forment un sentiment qui fera désormais le charme ou le malheur de sa vie, a Dieu ne plaise que par cet aveu j'exige de vous la moindre chose qui puisse affaiblir vos principes et amollir votre courage, je ne vous demande qu'une grace, c'est de nous faire donner de vos nouvelles le plus souvent que vous pourrés, un mot nous suffira. Dans mon impatience j'ai fait partir un exprès pour vous aller joindre et vous porter ce que je vous avais promis. Mandez moi s'il est arivé à bon port et si la pluye ou l'humidité n'ont pas gâté ce qu'il vous porte, dites moi aussi si vous avez reçu la grande image, on travaille à une plus petite qu'on vous portera par la premiere occasion, je suis bien aise de ce que vous me dite d'une certaine personne, je suis enchantée de savoir votre opinion, elle me rassure sur les sentiments qu'on lui suposait, la paix de la Vendee fait ici une grande sensation, on en parle diversement, les uns la blament, les autres l'aprouvent, tout ce qu'on entend est étrange, je m'en tiens à ce que dit, à ce que fait l'ami de mon cœur. Le général Brune a été reçu avec transport des braves Nantais, il part demain, dit-on, pour Vannes, il jure d'exterminer Georges qui l'attend, dit-on, aussi avec des forces imposantes, mais nous n'en avons pas peur. Je voudrais bien savoir l'arivée de celui que vous attendez, puisse til venir bientôt afin de vous aider pas ses sages conseils à remettre un peu d'ordre dans vos affaires, ne me laissez pas ignorer ce bienfait. Croyez mon cher ami que mon ame est attachée a votre ame, ma vie à votre vie et que je ne respire que pour vous, mes chers enfans, je vais repondre à votre maman, sa lettre m'a vivement touchée, elle a fait couler nos larmes. C'est vous, mon bien aimé, qui les essuierez, vous me ferez plaisir de brûler mes lettres, si vous nous aimez, n'oubliez pas le 26 du mois, nous avons besoin d'une ligne de vous, votre amie vous le dit elle-même, les deux autres par moi, portez toujours sur vous, je vous en conjure, le petit sac de velours cramoisi, ne le voulez vous pas bien. Adieu, mon cher enfant, je vous embrasse mille fois. J'oubliais de vous dire de ne vous inquiéter nullement des difficultés que votre maman craint pour une certaine affaire, il n'y en aura aucune, j'ai parlé à celui qui peut les aplanir; il ne faut point de requete, il ne faut qu'un mot de moi et du soir au matin la chose sera delivrée. Soyez donc sans inquietude sur cet objet il sera seulement utile d'avoir le consentement de votre maman et l'extrait mortuaire de Mr votre père. Adieu encore une fois l'ami de mon cœur.

Au dos : Mon neveu. »
Cachet noir. Devise : Languesco absente.

A. n. F7. 6232, no 635.

32. Juliette de Becdelièvre à Bourmont.

« Pourquoi n'écrivez vous pas ! puisque vous ecrivez si bien; votre petit billet a bouleversé mon âme, votre tendresse l'a rassuré. Ah ! pardonnez si ce moment qui aproche, fait répandre quelques pleurs à mon cœur attendri ;

mais soyez sûr, o cher bien aimé! que je ne serai jamais heureuse si je ne vois jouir du parfait bonheur celui à qui je consacre ma vie.

Au dos : Mon cousin. »

A. n. F⁷. 6232, n° 625.

33. Madame de Becdelièvre à Bourmont.

24 janvier 1800.

« J'envoye savoir de vos nouvelles, ma chère petite Sophie, je vous aime plus que ma vie : mais j'aime votre *santé* plus que tout ce que j'aime. Si vous le pouvez, ne prenez pas la medecine qui a tant fait de mal à vos amis, les consultations que j'ai eues vous promettent le retour de vos forces, j'ai bien du courage en vous donnant ce conseil, agissez d'après vous, ne consultez que votre raison, elle a prévenu votre age, o ma Sophie, jamais non jamais vous n'avez été plus chere à mon cœur, n'ecoutez pas les persecutions pour prendre l'emetique. Sophie, Sophie, je vous ecris baignée de larmes mais mon cœur les essuyera. Envoyez chercher le portrait de votre amie, il est bien.

Au dos : A la citoyenne Sophie Neveu, a Cande en Anjou, departement de Maine-et-Loire. »

A. n. F⁷. 6232, n° 642.

34. Juliette de Becdelièvre à Bourmont.

6 février 1800.

« J'ai eu bien du chagrin, ma chère Sophie, d'abort le depart de notre sœur, lorsqu'on aime, les separations sont cruelles et celle-ci n'a point été adoucit par le bonheur de recevoir de vos nouvelles, enfin elles arrivent ces nouvelles si précieuses et si désirées, je vous avoue que j'ai peine à en pardonner le retard, il m'a fait trop de mal ; ô si vous saviez, ma chere Sophie, combien les jours paraissent longs lorsqu'on attent et qu'on sent vivement ; ne soyez point etonnée de la maniere dont je vous ecrit, notre bien aimée maman desire que cela soit ainsi, je suis fachée que ma dernière lettre ne soit pas dans ce stile ; elle pourait l'affliger si elle venait a tomber dans d'autres mains que les votres ; ne la gardez pas, je vous en conjure, ni les autres qui sont dans le meme genre, je serais au desespoir par mon étourderie de causer de l'inquiétude aux personnes qui m'intéresse ; si il ne s'agissait que de moi je me trouverais heureuse de sacrifier ma vie en prouvant mon attachement a ma tendre Sophie et aux intérêts qu'elle defend ; ô que je vous plains, mon aimable Sophie, je conçois votre position ; j'en suis pénétrée, pourquoi, pourquoi nos vœux sont ils si impuissants ; tachez de gagner encore du temps avant de renoncer tout a fait au retablissement de votre santé, attendez la consultation du médecin que vous consultez en ce moment ; les grands docteurs de la faculté de médecine renoncent donc a vous donner leurs avis ; je ne leur pardonne pas cet abandon, il est barbare, vous savez mieux que nous que penser de leur conduite nous aurions bien besoin de causer avec vous, lorsque nous vous verrons, nous vous ferons aussi remarquer les défauts de l'image, je ne sais si vous avez saisit ses avantages ; avez vous lu les petits caractères qui sont sur la colonne au dessous du vase? Adieu, ma chere Sophie, il faut vous quitter, mais mon cœur reste à jamais attaché au votre. Ma petite compagne restée avec moi veut que je vous parle de son amitié. Envoyez-nous souvent de vos nouvelles. Ne nous oubliez pas un instant. Votre commissionnaire veut partir. Renvoyez le, renvoyez en d'autres, partout on vous recommande de ne point employer celui qui est resté dans votre ancienne demeure ; il y a de fortes raisons.

Je suis bien aise que la petite chaine vous ai fait plaisir, je vous demanderai aussi quelque chose, quand vous serez a meme de pouvoir me le donner.

Au dos : A la citoyenne Sophie Neveu, près Angers. »

A. n. F[7], 6232, n° 649.

35. Madame de Becdelièvre à Bourmont.

6 février 1800.

« Faites tout ce que vous voudrez, ma chère Sophie, et surement vous ferez bien, je conçois votre position, elle est affreuse, elle déchire mon cœur : mais après tout ce que vous avez fait, il convient de menager vos forces et votre santé. Vous trouverez dans nos cœurs toutes les consolations que vous pouvez désirer, et l'aprobation de votre conduite, je suis bien aise que vous soyiez content de la boite, elle vous à été offerte avec grand plaisir; mais je suis bien mécontente de votre N., il a laissé les arbres fruitiers chez un de vos métayers, envoyez les donc chercher pour les faire planter, sans cela ils seront perdus, cet homme me deplait sous tous les raports, j'en sais des choses étranges, prenez y garde, ce que je dis est certain, l'interet que vous minspirez s'etend à tout. Envoyez nous dire de vos nouvelles, nos cœurs en ont un besoin que je ne puis vous exprimer, ne nous laissez pas ignorer ce qui vous touche, ma tendre amie, vous m'etes aussi chère que ma fille, je vous le repete, j'aprouverai tout. »

A. n. F[7]. 6232, n° 649.

36. Madame de Becdelièvre à Bourmont.

13 février 1800.

« Je viens de recevoir à l'instant, mon cher ami, votre lettre du 6 de ce mois ; vous me mandez que vous serez à ma campagne le 15, je m'y rendrai ce jour là ou le 16 au plus tard. Nous causerons de nos affaires, soyez persuadé que je ferai pour vous tout ce qu'il me sera possible, le vœu le plus ardent de mon cœur est de reunir les deux êtres qui me sont le plus chers.

J'aprouve assurément tout ce que vous avez fait, accoutumée a vous louer, a vous estimer, aucune de vos actions ne peut affaiblir ces deux sentimens, menagez vous, voilà a présent ce que je vous demande en grace, la bonne foi et la loyauté peuvent être surprises, c'est une recommandation dictée par mon cœur.

Je serai enchantée de voir votre ami le 19 chez moi, de grace faites-le venir, n'êtes vous pas chez votre mere et votre plus tendre amie.

Je conçois toutes vos occupations, elles doivent être bien multipliées, faites tout pour le mieux, tout pour votre sureté et celle de tout ce qui vous environne, grand dans l'une et l'autre fortune, il faut que l'amie de ma tendre amie soit supérieur à tout, elle vous embrasse de tout son cœur ainsi que sa sœur et moi, adieu, mon cher ami.

Au dos : Au citoyen Neveu, à Candé. »

A. n. F[7]. 6232, n° 620.

37. Madame et Juliette de Becdelièvre à Bourmont.

17 février 1800.

« Je savais, mon cher neveu, par un ami commun que mes lettres ne vous parvenaient pas et je vous parlerai encore avec chagrin de cet infidéle commissionnaire; cet ami dont je vous parle et chez lequel on avait porté vos habits désire vivement de vous voir; si vous pouvez le faire avertir, il vous en saura gré; si vous ne le pouvez pas, je vous dirai ce que je sais : il desirait une entrevue avec vous avant le 24.

Nous venons d'ariver et nous espérions vous trouver ici, nous n'avons eu qu'une lettre, elle ne nous donne pas la certitude de vous voir demain, nous avons cependant bien besoin de cette consolation, je vous attends avec une vive impatience, je ne puis rien vous promettre, mon cher ami; je veux causer avec vous, nous nous parlerons avec franchise et amitié, si la chose est possible; je ne m'y refuserai pas, si elle ne l'est pas, nous serons tous raisonnable, je vous aimerai comme mon fils, mais je tacherai d'obtenir votre confiance comme j'ai celle de mes enfans, mon cœur me conduit toujours, c'est lui qui vous chérit, qui s'honore des titres que vous me destinez et qui vous prouve son estime, sa tendresse, en vous donnant la plus touchante, la plus parfaite créature, vous rendrez ma vieillesse heureuse, mais je vous le jure, je ne serai aussi ocupée que de votre bonheur, je vous plains de toute mon ame d'avoir perdu *tant d'amis,* c'est a nous a vous en consoler; la bonne tante qui est ici et Félicité vous embrassent comme moi de tout leur cœur.

Maman ne vous dit rien pour moi, elle veut me laisser le plaisir de vous exprimer le plaisir que j'aurai a vous voir, ne vous trouvant point ici a notre arrivée, vos aimables lettres nous ont fait grand bien.

— Tâchez de venir tout de suite, nous ferons tout ce qui dépendra de nous pour vous consoler; venez, venez, entendez le cri de mon cœur.

JULIETTE.

Si vous êtes obligé de retarder votre voyage près de nous, faites nous donner de vos nouvelles.

Au dos : A Monsieur de Bourmont. »

A. n. F[7] 6232, n° 626.

38. Madame de Becdelièvre à Bourmont.

La Seillerais, 18 février 1800.

« C'est par malice, mon cher ami, que j'ai mis la datte de cette lettre, vous verrez que nous étions venues vous attendre et vous faites cent lieues pour vous éloigner de nous; je vous avouerai cependant que j'aprouve infiniment ce voyage, si j'avais osé, je vous laurais conseillé mais votre prudence, votre raison, vos actions n'ont pas besoin de guide, vous en avez qui vous ne égareront jamais, la vertu, l'honneur et votre-cœur; vous avez marché dans un sentier pénible, il faut en sortir surement, ne négligez rien, il vaut mieux prolonger la privation et se préparer un avenir que rien ne puisse troubler; ne vous pressez pas pour le *tems,* nous le trouverons toujours d'ailleurs, il serait possible si vous ne pouviez venir que j'allasses vous trouver, j'aurais eu besoin pourtant d'avoir une conférence avec vous, j'avais mille choses a vous dire, je n'ai point vos noms, point votre extrait d'age, point le consentement de votre maman, il me faut tout cela, ne parlez pas de mon projet, il est trop en l'air, il a besoin d'être aprofondi, donnez moi les détails que vous pourez sur votre sureté et vos affaires, si vous trouvez a Paris Mr de la Brosse, parlez lui avec confiance, son amitié pour nous la mérite tout entière, ne négligez rien pour vous et pour votre amie, sa sensibilité est aussi touchante que sa candeur, c'est un ange mais un ange délicat et qui souffre, il faut le ménager; que mon frère, ma sœur Gabrielle vont etre sensibles au plaisir de vous voir, dites leur mille tendres choses pour moi, vous y ajouterez un nouveau prix et vous ferez agreer vos excuses, vous les embrasserez, vous embrasserez mon Émilie qui vous cherit, mon Ludovic qui vous aime tant, o mes amis, o mes enfans, mon cœur est tout a vous!

Au dos : Mon neveu. »

A. n. F7 6232, n° 621.

39. Madame de Becdelièvre à Bourmont.

7 ventôse VIII (26 février 1800).

« J'ai éprouvé dans tout le cours de ma vie, mon cher ami, qu'il y avait des pressentimens qui m'étaient inspirés par la Providence; quand j'y ai résisté, j'ai été malheureuse; quand j'y ai cédé, j'ai eu lieu de m'en aplaudir; j'ai calculé le projet que je vous propose de suivre, d'après la bonne opinion qu'on a de vous, vos vertus, votre amitié pour moi et votre tendresse pour ma fille. Il dépend de vous de nous rendre le plus grand de tous les services. Mon cher, mon bon ami, j'ai le plus grand désir de vous voir heureux et je vous le répète, quand il ne vous resterait rien au monde, vous ne serez pas moins le choix de mon cœur pour ma Juliette; mais il m'est non seulement permis mais ordonné par la raison de tâcher de conserver pour vous, pour mes enfans et pour votre femme tout ce que je pourrai de leur fortune. Voici donc ce que j'ai pensé. Le premier Consul désire votre mariage, il faut partir de ce point et obtenir de lui votre radiation et la consommation de nos partages, je suis sûre que vous obtiendrez l'un et l'autre; je vous envoye à ce sujet une lettre ostensible que vous pourez faire voir soit au premier Consul, soit à ses amis et à ceux qui l'entourent, demandez lui sa signature au projet de partage que je vous enverray ou faites lui ordonner au préfect qui viendra ici de terminer sur le champ cette malheureuse affaire. Mais j'aimerais mieux qu'elle fût terminée par lui. Oh! de quelle satisfaction je jouirais si je vous devais le repos de ma vie, je me trouverais heureuse de terminer mes partages tels que je les demande par la lettre ci-jointe parce qu'alors j'aurais le repos. Mais il n'en est pas moins vrai que la vente de la terre de Montbrun et celle de Becdelièvre, et surtout la première ont été faites d'une manière illégale et malgré les sursis que j'avais obtenus. Il serait possible de revenir sur cette vente si on avait l'approbation du Consul. Si vous profitez du premier moment, vous obtiendrez tout. Si vous le manquez, nous sommes perdus. Ne négligez rien, mon cher ami, de ce qui peut faire le consolation de ma triste vie, je vais faire copier tous les papiers et vous les recevrez incessamment. J'aprouve tout ce que vous faites pour votre oncle Gabrielle. Vous n'avez pas besoin de mon aveu. Mais ce que vous ferez pour lui ce sera comme si vous le faisiez pour moi-même. Je vous remercie aussi pour mon cousin et pour tous ceux que vous obligez pour moi; je vous recommande le malheureux ami de Victoire, je ne puis pour la minute lui donner quelque secours, mais si mon Émilie peut lui faire passer un louis ou deux, elle me fera plaisir. Je viens de recevoir une lettre par laquelle on me prie de payer toutes ses dettes qui sont considérables, deux termes de son loyer, de recevoir Henriette chez moi; je ne ferai rien de tout cela, mais un morceau de pain dans l'infortune ne peut être refusé. S'il était possible qu'il put obtenir son faible patrimoine, de quel poids je serais déchargée; enfin, mon ami, je m'en raporte à vous pour tout ce qui est honnête et juste.

Je reviens à présent à nos affaires particulières, je vois, mon cher ami, que vous serez obligé de passer bien du tems à Paris et je vous avoue que j'aime mieux vous voir habiter cette ville là que toute autre. En conséquence, voici encore un projet que je vous prie de réaliser, et cela le plutôt que vous pourrez: cherchez un petit appartement qui ne soit pas très cher, où vous pourez vous loger avec votre femme et où vous garderez mon Émilie tant que sa santé l'exigera, et mon Ludovic tant que cela sera nécessaire. Cette réunion fera le bonheur de tous. Il nous est impossible de garder notre hôtel, il est trop cher, mais dans le fauxbourg Saint-Germain on trouve des logemens à bon compte. Nous pourrions en prendre un pour un an ou deux, jusqu'à ce que nous sachions ce qui peut nous ariver. Vous y feriez conduire mes meubles qui par ce moyen ne reviendraient pas à Nantes; si tous ces arrangemens vous conviennent, exécutez [les] sur le champ et ne revenez pas ici, j'irai vous trouver et je vous mènerai Juliette; ne vous inquiétez ni des dispenses, ni du carême, ni du contrat de mariage. Je me charge de tout. Si Gabrielle réussit, comme vous l'espérez, ce sera une consolation pour moi, nous pourrons être tous heureux, et je regretterai moins l'hôtel. Je vais écrire à l'ami du jeune de B., n'ayez point d'inquiétude sur ce sujet; répondez moi promptement, mettez les fers au feu, mon imagination m'emporte quand elle est conduite par mon cœur, il vaut mieux que j'aille à vous que vous à moi; embrassez mon Émilie, elle vous le rendra pour ses sœurs. Adieu, cher ami, mon cœur est tout à vous, mille choses à ma sœur, à mon frère et Gabrielle. Je suis accablée d'écritures, je ne puis leur écrire. »

A. n. F7 6232, n° 652.

40. Juliette de Becdelièvre à Bourmont.

26 février 1800.

« J'ai reçu votre aimable lettre, ma chère Sophie, j'avais grand besoin de cette consolation, c'est la seule que j'aye eprouvé depuis votre depart pour la grande ville, vous devez juger de nos inquiétudes et de nos chagrins par les vôtres, je suis bien aise que vous ayez vu Émilie, elle aura eu un cruel moment en apprenant vos nouvelles peines, elles auront aussi été partagé par mon oncle et par ma tante qui ont eprouvé le plus grand plaisir et l'interêt le plus tendre en vous voyant. Ludovic m'écrit une grande lettre remplit de tous les sentimens qu'il a ressentis en vous serrant dans ses bras, ô ma chère Sophie, puisse l'amitié et la tendresse vous consoler de tant de malheurs et de tant dépreuves qui vous accablent depuis si longtems; Maman vous embrasse de tout son cœur. Félicité et nos tantes qui sont bien sensibles à votre souvenir, nous attendons de vos nouvelles avec la plus vive, la plus tendre impatience; ce qu'elles nous apprendrons poura peut être décidé le moment qui nous raprochera car jusquà présent je l'ignore encore; adieu, adieu, écrivez nous un petit mot, chargez vous, aimable et chère Sophie, de distribuer nos caresses aux êtres chéris qui sont avec vous, combien je fais des vœux pour être réunis à eux et pour que vous nous appreniez quelque chose d'heureux pour ce qui vous intéresse, je ne conçois que trop combien on du vous coûter les cruelles demarches que vous avez été obligé de faire; mais il faut esperer qu'elles suffiront et que la providence vous accordera le repos et le bonheur qui sont dû à tant d'effort et de valeur.

Si vous etes plus tranquile je prierais ma chère Sophie de me faire faire une bague de ses cheveux, *elle me* serait *bien précieuse.* »

A. n. F7. 6232, n° 623.

41. Monsieur Lambert à Bourmont.

8 mars 1800.

« Nous avons eu de vos nouvelles, cher frere, par M. Henry qui a eu la bonté de venir visiter notre hermitage dès les premiers moments de son arrivée; mais nous n'en eussions pas attaché moins de prix à un petit billet de votre main. Où en etes vous? Quelle perspective vous offre l'avenir. Vous ne vous attendez pas sans doute à recevoir de moi une longue série de calculs. Dans une parfaite obscurité je n'ai pas le talent de voir clair. Tout me paroit hors de la sphère de la prevoiance humaine. Je crois tout possible même les evenements les plus heureux, je ne détermine aucun évènement comme probable, pas même les évènements malheureux. M. Henry sera plus en mesure que moi de vous donner une idee de la surface de nos affaires dans ce pays cy. A-t-il pu pénétrer au dela de cette surface, c'est ce que j'ignore, ce que peut etre avec toute la sagacité possible il est condamné à ignorer lui même. Pour asseoir mon opinion je voudrois pouvoir passer quelques heures avec celui que M. de Bru, a été voir en septembre 1798. Je crois que j'aurois de mon coté des choses intéressantes à lui dire, mais je n'ai absolument aucun moyen d'amener les amis qu'il a ici à me procurer cette entrevue. Il en est un cependant qui le désireroit; mais il ne peut prendre sur lui de rien proposer à cet égard.

Madame votre mère est toujours à peu près dans le même état, votre sœur se porte bien.

Cham. se propose d'aller très incessamment à Paris. Dans le cas où il porteroit dans le sein de ma famille ses pretendus griefs contre moi, je vous prie d'engager mon frere à suspendre son jugement jusqu'à ce que je l'aye vu, n'accusez pas Cham.. Mais faites en sorte que ma famille ne soit pas induite momentanement en erreur. J'ose croire qu'en definitif il ne me seroit pas difficile de le faire revenir sur d'injustes préventions, mais il est toujours désagréable d'avoir à combattre des préventions en pareille matière.

Adieu, cher frere, je vous embrasse tendrement. Accusez moi la reception de mes lettres; numérotez les votres et ne m'en faites passer aucune par du Theil.

A Monsieur,
Monsieur de Bourmont. »

Sur le même papier :

Madame de Bourmont mère à Bourmont.

« Je suis bien fachee, cher bon ami, de n'avoir pas la force de t'écrire, mais on en a toujours assez pour embrasser et pour aimer son fils de tout son cœur; c'est tout ce que je puis te dire aujourd'hui et je le dirai de toute mon âme à jamais, cher ami. »

A. n. F7. 6232, n° 717.

42. Madame de Becdelièvre à Bourmont.

11 mars (1800).

« Pardonnez moi, mon cher et tres cher ami, si je vous prie de songer à vous même, c'est pour elle que je vous en conjure, je vous la menerai, je vous la donnerai mais tachez que votre sort soit assuré, je ne parle ni de fortune ni d'argent mais de votre vie, cette premiere certitude nous est nécessaire, hatez vous, pressez vous, je ne puis faire faire l'affiche ici que je n'ayes cette certitude, si vous attendez, vous reculez *le temps*, je voudrais vous nommer mon fils en arivant, croyez qu'aucun autre motif que celui de ma tendresse pour vous deux ne m'ocupe, s'il n'y avait nulle possibilité je me rendrais mais si on peut faire mieux pourquoi ne le pas tenter, j'espere que vous ne serez pas le seul et votre satisfaction serait doublée, je conviens que si la chose ne se fait que pour vous, il ne faut peut être pas l'accepter, mais on l'acorde a d'autres, demandez la promptement pour mes enfans chéris, je parlerai a la minute ou je le pourai, nous vous embrassons tous.

Au dos : Sophie. »

A. n. F7. 6232, n° 618.

43. Madame de Bourmont mère à Bourmont.

1 juin 1800.

« J'ai eu la consolation, mon cher fils, de recevoir verbalement de vos nouvelles et je ne doute pas que le bonheur du nouvel état que vous avez si vivement désiré n'ait porté dans votre esprit et dans votre cœur le calme et la satisfaction dont vous aviez tant de besoin. — Je crois vous voir d'ici au milieu de tout ce qui vous aime et je jouis de tout ce qui se réunit pour le bonheur de mon aimable enfant combien elle est capable de vous attacher à la vie cette aimable et vertueuse J. qui fait maintenant partie de vous même! qu'elle (sic) part elle et sa chère maman prennent à tout ce qui vous arrive a tout ce qui vous touche ! — Le ciel vous a fait des dons comme récompense de votre sincérité et retour vers lui; il vous a accordé tous ces biens pour vous rendre doux et leger le joug sous lequel de si bonne foi vous vous êtes engagé à son service, perseverrez, mon bien aimé, a lui être fidèle et toujours il viendra à votre aide. — Vous apprendrez avec plaisir que je me trouve infiniment mieux depuis dix à douze jours et que j'ai lieu de présumer qu'avec des menagements et un régime il me sera possible de survivre à cette maladie si extraordinaire, qui m'a tant de fois montré ma fin prochaine. Le médecin pense neanmoins que si je m'en relève parfaitement, ce ne pourra guère être que d'ici dix-huit mois et il m'exhorte à la patience, ayez en mon cher bon ami pour apprendre sans vous fâcher que Mlle Le Noir ayant vraisemblablement besoin d'argent vient de me mander son état de pénurie provenant des quatre vingt dix livres st. quelle vous a prêtés et de cinquante deux qu'elle dit m'avoir *en divers tems* envoyés dans des lettres anonymes. Ceci va vous mettre dans l'embaras pour le lui envoyer le plutôt qu'il vous sera possible; mais je crois que vous aurez a cet egard le même empressement que moi, si faire se peut. Cela ne doit cependant vous entraîner a faire quelque arrangement précipité qui vous serait onéreux, il vaut mieux faire toutes vos affaires avec le tems et la prudence requises. Désormais vous n'êtes plus seul intéressé à votre propre fortune et je me flatte que bientôt vous commencerez à l'envisager avec la sollicitude paternelle qui en rend les soins si attachants. — Si j'osais donner un avis a des personnes...

[La suite manque].

A. n. F[7]. 6232, n° 630.

44. Madame Lambert à Bourmont.

S. d. (après 1 juin 1800.)

Lettre d'affaires.

« Je suis bien fachée que le porteur de cette lettre ne puisse se charger d'un petit paquet contenant une robe que j'aurois eu bien du plaisir à offrir à ton aimable (femme : rayé) amie, si je trouve quelque occasion sûre j'en profiterai pour te l'envoyer... Nous faisons des vœux pour ta santé et ton bonheur. »

Au dos : Mademoiselle Bonne.

A. n. F[7]. 6232, n° 711.

45. De Becdelièvre de Bourmont à Bourmont.

18 prair. (7 juin 1800).

« Je possede déjà une lettre de vous, o mon cher ami ! Je l'ai pressé sur mes levres je la porte sur mon cœur; elle m'a fait grand plaisir, j'ai a peine eu la force de la décachetter, mes mains tremblaient; ah cher et tendre ami, pardonnez a la joie, au bonheur; cette ecriture que je cherie a transporte mon ame; je suis enchantee que vous soyez deja content de votre voyage; mes vœux et mon cœur vous suivent et même vous devancent, que Dieu protege et bénise votre retour dans les bras d'une amie tendre sensible. Ah! elle peut le dire à pressent, elle l'a senti, éprouvé, qu'elle l'était; le battement de son cœur, sa douleur lui ont apri a connaitre sa manière de sentir, je ne puis même me dissimuler qu'elle me sera quelque fois funeste mais aussi que de momens doux elle me prepare; il viendront tous de vous ses momens précieux! Je profite de la permission que vous m'avez donnee de causer longuement avec vous, cher ami, sans cela je craindrais d'enlever trop de tems aux affaires et peut-être prolongerai-je celui qui doit retenir éloigné ce qui est si bien fait pour rester unis et que rien au monde ne saura separer car dans ce moment même je ne puis dire que je suis tout a fait eloignée de vous, une partie de moi même vous suit partout, vole sur vos traces; o mon ami qu'il est doux de s'aimer, quelle charme je trouve à vous exprimer toute ma tendresse, c'est mon bonheur et la seule consolation que je goûte loin de vous,

JULIETTE.

Je suis obligée de courir par l'appartement et de vous quitter, adieu, adieu. Tout le monde vous fait les plus tendres amitiés et t'embrassent. On attend toujours le cousin de Victor. N'oublie pas d'envoyer ce que vous avez promis pour lui. Sa femme m'a dit de te demander la même chose pour un de ses oncles. Alors tu auras deux exemplaires a envoyer. On a apporté ici une lettre pour M. Carlos. Veux tu bien lui remettre et lui faire mille compliments ainsi qu'a vos autres compagnons de voyage. »

A. n. F^7 6232. n° 640.

46. De Becdelièvre de Bourmont à Bourmont.

20 prairial (9 juin 1800).

« Je ne prend jamais la plume pour vous écrire, o mon tendre ami, sans la plus vive, sans la plus douce émotion; je ne sais si vous aurez reçu mes deux lettres, j'en ai remis une a un de vos amis qui est partit pour vous aller rejoindre; mon ami, je saisis tout ce qui peut me rapprocher de vous en idée, ma douleur d'être separé de ce que j'aime est toujours vive et profonde, mais je ne veux pas vous en parler, je ne veux songer avec toi qu'au moment qui me remettra dans tes bras cheris; helas il est encore eloigne ce retour tant desiré, mais je t'en prie, ne te presses pas d'une minute a cause de moi; je sais souffrir! il faut mieux que vous finissiez toutes vos affaires et nous jouïrons peut etre après du bonheur et des consolations que donne l'amour et l'amitié.

Nous allons aujourd'hui à la municipalité, j'ai devancé un peu l'heure de se lever pour causer un moment avec mon meilleur, mon seul ami, Emilie et son epoux paraissent s'accoutumer fort bien ensemble et ont l'air fort content; je pense que cette certitude vous fera plaisir; je frémis de mon isolement dans quelque jours. Adieu je t'aime! je suis heureuse je ne crains rien et puis tout supporter.

Tout le monde vous fait les plus tendres amitiés, vous embrassent et vous aime, je ne puis vous exprimer combien le bonheur d'Emilie me rend heureuse, il paraît assure. Cet idee me fait grand bien et porte un grand calme dans mon ame.

Je vous envoye, encore une lettre, je vous eviterais bien cette corvee mais véritablement il y a de ses lettres auxquelles il n'y a que vous qui pouvez répondre; M. de L^bg doit m'en remettre une pour vous; il a des choses essentielles a vous dire. Vous me voyez sourire, n'est-ce pas? Il faut me laisser faire et me laissé vous dire que vous etes par fois trop bon, cet avertissement peut vous etre utile; j'ai passé hier la journée avec ledit Monsieur du faubourg Saint-Germain, l'apres midi au spectacle et le matin nous avons couru pour des maisons.

Antoine s'est en allé tout à fait, on ne l'a pas revu depuis ton départ ; il n'a rien dit à personne je n'ai pas trouvé cela fort bien, je ne sais quelles étaient les ordres que tu lui avait donné.

J'ai regretté d'avoir oublié de mettre dans tes paquets une petite boîte de thé que je t'avais préparé pour la route ; je te presse encore de toutes mes forces sur mon cœur ; ô mon ami ! »

A. n. F[7] 6232, n° 648.

47. De Becdelièvre de Bourmont à Bourmont.

22 prairial (11 juin 1800).

« Je vous envoye, mon cher ami un paquet du general Estourmel qu'il m'a fait remettre par une ordonnance et un autre que j'ai reçu je crois qu'il est essentielle de vous envoyer tout cela ; si vous en jugez autrement pour une autre fois, vous me le manderez. Dites moi aussi tout ce que vous desirez que je fasse, que j'aye la consolation d'imaginer dans toutes mes actions que je rempli votre volonté et vos intentions. O cher ami, cette idée est bien douce, c'est en elle que je mets mon bonheur, je suis un peu affligee même beaucoup, je n'ai encore reçu que votre premiere lettre de Chartres ; je ne m'en prends point à mon ami, je n'accuse point son cœur, mais seulement le retard de la poste ou les excessives affaires d'alors ; dans cette occasion je reclame le secours et la complaisance de M. Carlos qui aurait bien la bonté de me donner de vos nouvelles ; je vous en prie en grace, mon tendre ami, et lui aussi ne me laissez pas dans une ignorance entière sur tout ce qui vous regarde ; vous savez que mon cœur n'y pourrait pas tenir et à ne pas recevoir quelque fois la douce certitude que vous m'aimez, ah cher mille fois cher ami mon cœur et mon âme sont de feu pour toi ; tu est ma pensee de tous les instans, o mon meilleur, mon plus tendre ami, après tant de malheurs et de dangers, goutez au moins le bonheur *d'être aimé.*

Sans sesse on me demande de tes nouvelles. Tous tes amis te font les plus tendres caresses. »

A. n. F[7] 6232, n° 636.

48. De Becdelièvre de Bourmont à Bourmont.

Ce 25 prairial ou 14 juin (1800.)

« Il est affreux mon cher ami que je ne recoive aucune nouvelle de vous, pas un mot, pas une ligne, véritablement je suis au désespoir, ce n'est pas négligence, je n'accuse pas votre cœur, le Ciel m'en préserve, la confiance et l'amour, voila ce que tu m'inspire, mais par quelle fatalité faut il que je sois privée de la plus grande, de la seule consolation que je puisse goûter ; maman part dans deux jours, Emilie, son mari et Felicité l'accompagnent, j'espere que vous les verrez, ce sera une satisfaction pour moi et vous leur ferez grand plaisir, ô mon tendre ami, quand vous le pourrez revenez dans mes bras, o tout ce qui dependra de moi pour le bonheur de ce que jaime le plus dans le monde sera saisi avidement par le cœur de cette Juliette qui sera toujours digne de celui qui l'a choisi.

Je n'ai point encore décidé l'appartement que nous devons occuper, j'en ai vu beaucoup, je n'en trouve point jusqu'à présent qui nous conviennent mieux sous tous les *raports* que la petite maison que je vous ai fait voir, je chercherai encore, mais je crois qu'il faudra y revenir, d'ailleurs je ferai tout ce qui vous conviendra. Vous écrivez surement tous les soirs, comment se fait il qu'on ne puisse m'adresser quelques lignes ? Bien des compliments à M. Carlos.

Adieu, adieu, mon ami, je te presse de toute mon âme sur mon cœur affligé.

Je vous envoye un billet d'un de vos amis qui vint un matin causer si longtems dans votre chambre, vous le reconnaitrez surment et vous saurez dans quelle intention son billet parait écrit. Vous m'envoyerez votre reponse, je la lui ferai passer.

Pensez à la petite tante ; tout le monde vous dit mille choses, la société va bientot se dispersé.

Je pense que M. de Malartic vous aura écrit quelque fois. Il se porte bien.

Au dos : M. de Bourmont. »

A. n. F⁷ 6232, nº 637.

49. De Becdelièvre de Bourmont à Bourmont.

26 prairial (15 juin 1800).

« Je trouve une occasion pour vous écrire, ô mon cher ami, je n'en veux manquer aucune, peut-être celle-ci sera-telle plus sûre que la poste, je ne sais si vous recevez toutes mes lettres, pour moi je n'ai pas un mot de vous; véritablement je suis dans la douleur, je ne sais qu'est-ce qui retient mes pas ? Mon ami, si c'est un excès de surveillance qui me prive de ma seule consolation, tachons de trouver un autre moyen pour me faire parvenir vos lettres; si vous les envoyiez à quelqu'un du gouvernement qui me les feraient passer cette manière ne serait pas suspecte; il y a quelquefois des nouvelles qui me desespere mais je me repose sur toi, o mon ami, je n'ai d'espoir et de confiance qu'en toi : mon seul, mon meilleur ami, mon soutien, mon apui, ah, je t'en conjure ne me laisse pas plus longtemps dans cet état affreux, privée de tes nouvelles chéries, j'adore tout ce qui vient de toi, ma main tremble en t'écrivant, je suis si agitée, pardonne moi, tu connais mon cœur, je suis forcée de te quitter, on m'attend. Adieu, adieu, o adieu.

Que faut il encore espérer ou craindre des nouvelles qu'on débite.

Tu ne pourras pas lire, tant je tremble et suis pressée.

Le 1ᵉʳ consul arrive, on l'attend.

[Au dos] : A M. de Bourmont. »

A. n. F⁷ 6232, nº 638.

50. De Becdelièvre de Bourmont à Bourmont.

Ce 28 prairial (17 juin 1800).

« Ah ! mon cher ami, je recu hier votre lettre et les expressions de votre tendresse, ma joie et mon saisissement ne peut être comparé qu'à la douleur que j'éprouvais d'en être privé; je l'ai baigné de mes larmes cette charmante lettre qui est venu relever mon âme accablée, j'avais suporté les chagrins et j'ai cru que je succombrai au bonheur; cependant mon ami *I am but half alive while parted from all that is dear to my soul.*

Vous ne pouvez concevoir, non, mon tendre ami, vous n'imaginez pas a quel point vous m'êtes cher ! *My poor haard though ladly dejected* by your absence is delighted to anticipate the pleasure of your return. » J'ai vu M. De Tristan, mon cher ami, il est penetré de reconnaissance pour toi, je l'ai vu avec le plus vif intérêt il m'a bien touchée je t'envoye sa lettre; et une autre que m'a remis M. de Piré en me priant bien de te recommander son affaire, Mᵈᵉ Dubourg te prie aussi en grace de ne pas l'oublier, je crains de t'impatienter en te parlant de toutes ces cruels affaires, tu est déjà si accablé, j'imagine, par toutes les personnes que tu vois : que je suis desolée d'ajouter à tes peines. M. Bardin, le mari d'une demoiselle, me demande aussi le certificat que tu as bien voulu lui promettre et y attache son existence ; tu est la consolation et l'espoir de tous les malheureux. Cet idée te donnera de la force et du courage. Mon pauvre ami, je ferai tout pour te dédommager et te donner quelques momens de bonheur.

Je t'envoie aussi une lettre de M[de] Picard pour son mari, il lui avait écrit que tu partais pour Nantes je serais bien fâchée que tu y alla avant que maman et nos amis y fussent retournés; ils ne tarderons pas a partir et toi, aimable ami, tu me fais espérer que je te serrerai bientôt dans mes bras, je serai donc heureuse ! ô l'amour de ma vie, tu trouve le moyen d'adoucir un peu une cruel séparation. Tache de m'écrire quelquefois un mot, un seul mot ! cela est nécessaire à mon existence, tu ne connais pas la force de mon amour ! et combien tout ce que je fais pour toi me parais doux; ah ! je suis heureuse d'être à toi et j'y serai tant que mon cœur palpitera. « Adieu, my life, send you back a *thousand* Kisses. » Tout le monde est bien sensible à ton souvenir et te dis les plus tendres choses on est bien occupé de toi.

Tu aurais du souligner un mot de ta lettre « Dans trois semaines je t'aurais fait des *amitiés* » j'ai pensé que tu avais peut être en une petite idee maligne. En tout [cas] cette lettre a fait ma consolation: mon bonheur, c'est mon seul bien, ne l'oubliez pas afin de le renouveler quelquefois ; je ne veux pas cependant prendre quelque minute sur ton *someil*. Remercie tous les amis qui veulent bien penser à moi et leur témoigner combien je suis sensible à leur *intérêt*. »

A. n. F[7] 6232, 656.

51. De Becdelièvre de Bourmont à Bourmont.

30 prairial (19 juin 1800).

« Cher ami, ne t'impatientera tu pas que je técrive si souvent, ô oui, c'est tout mon bonheur !

Pardonnera tu ma petite plaisanterie de ma dernière lettre; *des amitiés*. Je ne sais si tu l'aura reçu car je ne reçois presque jamais des nouvelles de ce que jaime plus que ma vie, vous aurez du ausi me trouver bien habile, dites moi si cela vous a fait plaisir ? et il y a que quatre jours que j'ai reçu ton aimable et tendre lettre d'Angers et depuis je ne sais ce que tu es devenu ; ne sois pas si longtems sans m'ecrire un mot, je perd tout à la fois, maman me quitte dans deux jours, mes sœurs, mes amis, j'ai besoin de toi je preparerai tout pour ton retour je tacherai que notre maison soit arrangée, mon tendre ami, mon bonheur, pense un peu à moi, à ta Juliette, à cette amie qui te prie de l'aimer comme elle t'aime, oh ! non, je sais que cela est impossible, je ne puis rendre ce que j'eprouve pour toi : adieu, adieu.

Je t'envoye une lettre d'un de tes amis qui a été apporté par M. Brillet de Villemorge je suis si pressée que tu ne pourra pas lire ce que j'écris. Tous nos amis t'embrasse. M. de Malartic te dis bien des choses.

Au dos : Au citoyen de Bourmont. »

A. n. F[7]. 6232, 639.

52. De Becdelièvre de Bourmont à Bourmont.

25 juin ou 6 messidor (1800.)

« O mon cher ami, partout ou vous serez, vous recevrez les témoignages de ma tendresse, de mon amour, de tous les sentiments de mon âme, du moins je ferai tout pour cela, c'est ma vie, c'est mon bonheur ! Je vous adresse cette lettre çi a la Seillerais, puissiez vous y être et puisse telle vous parvenir, jouissez un moment de la paix de la campagne et de l'eloignement des affaires. Je reçois ta lettre du 29 de Champiré, il y avait bien longtems que je n'en avais reçu. Tu sais cependant combien ce gage de ton amitié m'est necessaire, me fait du bien et me console. Mon tendre ami, taches de m'écrire quelques fois! Tu sais a présent que je suis seule que maman m'a quitté, tu est peut être aujourd'hui avec toutes mes amies, je le désire bien, tu les consolera de mon absence et elles te parleront de moi, j'ai eu trop de courage au moment de leur départ, ça été un moment cruel pour ta Juliette ainsi que celui ou tu t'es separe de moi. Ce sont des époques qui se gravent dans mon cœur ; reviens adoucir tout cela; lorsque tes affaires seront finies, pense à moi, dis toi et te redis a quel point je t'aime, je ne l'exprime pas comme je le sens!

Je suis bien fachee que tu ne reçoivent pas mes lettres, si tu les avais eu toutes, tu en serais chargé, puis je faire quelque chose qui me plaise davantage que de m'occuper de toi. O douce et charmante occupation! j'y sacrifie mes momens les plus précieux.

Maman t'aurat dit l'embarras dans lequel je me trouve pour la maison, je tacherai cependant que tout soit arrangé pour ton retour, je n'ose demander si il sera bien prochain ou plus reculé. Le Ciel! la Providence et toi!

Adieu, tous nos amis d'ici te disent bien des choses, couvres de baisers notre bonne mère, essuies ses larmes ; répands les miennes sur elle ; embrasses nos tendres sœurs, aime[s] les comme moi. Dis leur ce que je voudrais leur dire, et toi recois toutes mes caresses et toutes les amitiés de mon cœur, o cher bien aimé de ma vie. J.

Au dos : M. de Bourmont à la Seillerais. »

A. n. F7 6232, 646.

53. De Becdelièvre de Bourmont à Bourmont.

Ce 2 messidor (21 juin 1800).

« Mon ami; mon ami, Maman part! si elle vous revoit, qu'elle puisse vous donner un tendre mot de votre Juliette; lorsque vous serez avec mes amis, que vous les verrez, que vous les embrasserez, que je sois au milieu de vous, imagines toi me serrer dans tes bras; ô promets le moi pour me consoler! je pleurs! lorsque je te verrai, je serais heureuse, console Maman ma pauvre Maman! mes sœurs, mes Emilie, Félicité; je fais le plus grand de tous les sacrifices! Tu me dedommageras de tout. Tout mon bonheur et ma vie est en toi, puisse je te rendre aussi heureux que je le desire, je me précipite dans tes bras. — Je ne reçois jamais de tes nouvelles.

Au dos : A mon ami. »

A. n. F7 6232, n° 650.

54. De Becdelièvre de Bourmont à Bourmont.

4 messidor ou 23 juin 1800.

« To bosoms leaving and to eyes that weep
While lovers linger in a distant clime
Dead multiplies the dangers of the deep
And expectation loads the wing *of time.*

Tu me disais tendre ami il y a quelque tems lorsque je te reprochais de ne m'avoir pas assez écrit pendant que j'étais à Nantes; *ah! si j'avais su que cela vous fit autant de plaisir je l'aurais fait plus souvent!* tu sais a present que c'est ma vie, mon bonheur, que je n'existe pas sans cela, tu ne veux pas faire mourir ton amie et tu ne lui dis pas un mot! j'ai du courage, si je t'afflige je ne te dirai plus de m'écrire?

Si toutes mes lettres te sont parvenues, tu dois en avoir eu une quinzaine, je prie Mr de la Chucheray de vouloir bien tacher de te les faire parvenir; tu m'avais promis de me donner tes adresses et j'ignore ou tu peux être en ce moment; mon bien aimé ne sois pas étonné de mon importunité et de la manière dont je te presse pour avoir de tes nouvelles: je t'aime! je t'aime de toute mon âme, ah ne doute jamais un moment de mon amour de la force et de l'éternité de mes sentimens; ils font tout mon bonheur ils sont le seul espoir de ma vie, j'y trouve un charme et une douceur que je ne peux rendre mais qui me pénètre, ah! mon bien aimé, ma vie entière mes jours, mes nuits te sont consacrés, c'est par toi seul que je suis et puis être heureuse.

Maman est partie, mes sœurs mes amis! je te recommande encore de les voir; tu n'imagine pas le plaisir que cela me fera, ce sera une consolation pour mon cœur, il me semble que c'est moi qui les reverrai.

Je vais m'occuper de notre établissement, j'éprouve bien des contrariétés je ferai pour le mieux, je me repose sur ta confiance et ton amitié.

Adieu jusqu'au moment ou je reprendrai la plume, je voudrais te repetter cent mille fois que je t'aime.

Tout le monde me demande de tes *nouvelles?*

Si tu peux, envoye moi le certificat de Mr de Bardin. Voila une lettre pressante de Mr de Biré, on croit qu'il ne faut que demander pour obtenir.

Je me jette encore dans tes bras, reçois moi dans ton sein, o il me semble qu'il y a bien longtems que je n'ai eu ce bonheur.

Au dos : Au citoyen de Bourmont.
Pressée. »

A. n. F7 6232, n° 521.

55. De Becdelièvre de Bourmont à Mr (Maisonneuve[1]).

Paris, 24 juin ou 5 messidor (1800).

« Je viens de recevoir, Monsieur, par le citoyen Thery, conducteur de la diligence, le sac de deux milles quatre cents livres que vous avez bien voulu lui faire remmettre, je vous renouvelle tous mes remerciements des démarches que vous avez la bonté de faire pour Mr de B. et pour moi, il s'occupe si peu de ses affaires personnelles qu'il est bien heureux de trouver quelqu'un qui y prenne autant d'intérêt que vous. Soyez donc persuadé, Monsieur, de toute notre reconnaissance.

J'ai reçu votre lettre du 19, vous désirez, Monsieur, le retour de Maman en Bretagne, son départ m'a cruellement affligé, elle doit arriver le 25 ou le 26 à La Seillerais; cette séparation a été un des moments les plus douloureux de ma vie, je suis si attachée à ma tendre mère, et elle est si digne de toute ma tendresse.

Je vous prierai toujours, Monsieur; si cela ne vous inquiete pas de vouloir bien faire passer mes lettres à Mr de B. je recois très rarement de ses nouvelles, il est si occupé que j'ignore souvent où il est, je crois qu'il serait enchanté, Monsieur, si vous pouviez ravoir quelques parties de la Haye Maheas et que vous voulussiez bien vous occuper de cet objet, mais c'est peut être une chose fort difficile.

Mon frère et les personnes de ma famille qui sont resté avec moi sont bien sensibles à votre souvenir, croyez aussi, Monsieur, au sincère attachement que je vous ai voué.

DE BECDELIÈVRE DE BOURMONT (p.).

Je n'ai point encore changé de logement. Mon adresse est la même. »

A. n. F7 6232, n° 526.

1. Voir *A. n.* F7. 6232, n° 553, 22 décembre 1800.

56. De Becdelièvre de Bourmont à Bourmont[1].

7 messidor ou 25 juin (1800).

« O cher amour de ma vie, je continue cette lettre que Mr de L. a commencé, toujours avec une nouvelle joie, avec un nouveau bonheur de pouvoir vous exprimer ma tendresse, elle est si vive, si tendre, si forte que je me plais à te le reppetter sans cesse, je ne sais si tu auras reçu la lettre que je t'ai adressé à La Seillerais! Passeras tu quelque tems dans ce lieu qui réunit a present des etres si chers à mon cœur? Ou j'ai été elevee, où je te vis pour la premiere fois et toujours avec un charme que je ne m'expliquais point; ô mon tendre ami, partage tu l'ardeur de mes sentimens? Tu fais ma consolation, mes délices, mon bonheur! Je n'en connaitrai jamais d'autre, je ne connais que toi, ce qui est à toi et pour toi. J'ai peur que tu me trouve folle; ah pardonne à l'exès de mon amour.

Tu ne me connais pas, tu ne sais pas à quel point je suis capable d'aimer!

J'ai presque envie de te laisser deviner, je ne devrais pas te le dire autant, je ne devrais peut être plus te le dire, hélas! ce serait moi que je punirais.

Mon bien aimé, vois Maman, mes sœurs, parles leur de moi, goutes quelques momens de repos et de bonheur avec elles, consoles les, reviens ensuite dans le sein de ton amie, sois heureux, sois le toujours, c'est le vœu le plus ardent de mon âme.

Je n'ai point de nouvelles à te mander aujourd'hui, il paraît que tout va assé bien. Adieu, adieu, il faut encore se quitter. Mon Dieu que nous sommes loin!

J'ai reçu les cent louis que tu m'as envoyé, je tacherai de n'y point toucher jusqu'à ton retour, à moins de nécessité indispensable. O comme je te presse en idée sur mon cœur, adieu, adieu, il me semble que je te tiens dans mes bras. J. (p.)

Le soir. — Mr de Su. vient d'arriver, il est bien content. Tâches d'envoyer un certificat à la petite tante. »

A. n. F7. 6232, no 789.

57. Madame de Becdelièvre à Bourmont.

La Seillerais, 24 août 1800.

« La fête du frère de ma Juliette ne me fait pas oublier que c'est aussi celle de son aimable époux, je réunis mes deux enfants dans mon cœur pour leur souhaiter toute sorte de bonheur et pour les combler de bénédictions; qu'il m'eut été doux, mon cher fils, de joindre une fleur au bouquet que vous offrira ma bien aimée, si cette consolation m'est refusée, je veux du moins vous renouveller l'assurance de toute ma tendresse, il n'en est point de plus vive, de plus profondément sentie, de plus durable, venez, ah venez bientot en recevoir les temoignages, tâchez de sortir de ce gouffre qui dévore toutes les fortunes et détruit à jamais l'aisance de la vie, il faut être bien riche et avoir d'avance la somme qu'on veut dépenser pour pouvoir s'y établir, sans cela c'est un tourment continuel, votre position a cet egard me désole et tant que nos affaires respectives ne seront pas arrangées; nous ne ferons qu'augmenter nos embarras et détruire nos ressources. Il faut bien, mon cher fils, vous parler quelquefois ce langage. Votre cœur généreux ne peut s'y accoutumer, mais le moyen d'être utile aux autres, c'est d'etre soi même à son aise. Si nous pouvions vivre ici, vous trouveriez une grande différence et ma Juliette moins troublée aurait plus de liberté

1. A la suite d'une lettre de M. de Luxembourg.

dans l'esprit et moins de peine, plus elle avancera dans sa grossesse, plus elle aura besoin de repos, ne craignez point pour son accouchement, nous avons ici de très habiles gens dans cet art et surtout Mr Michel qu'elle connaît et qui dans ses raisonnemens sur Emilie inspirait de la confiance à ma fille. Je vous conjure donc de tout disposer pour que j'aye le bonheur de vous posséder et de vous embrasser tous les deux, quelle joye pour moi de recevoir le précieux présent formé du sang le plus pur et par ceux que j'aime plus que ma vie, cette espérance me rassure et la réalité peut seule affaiblir mes chagrins. Le prefect sans me rassurer entièrement met mille entraves a tout ce que je lui demande, c'est une chose cruelle, une difficulté vaincue, il s'en élève une autre et ces cruels détails me mettent au désespoir, je ne vous parlerai ni de Mme de Ruille ni de Mr Basille, c'est a ma fille que je vais écrire sur ces maudites affaires, vous en avez tant d'autres, je voudrais écarter de vous deux toutes les peines de la vie et vous laisser jouir de vous même, c'est la meilleure, la plus douce, la plus touchante société que vous puissiez avoir, je m'y place quelquefois et c'est pour remercier le ciel de votre union et de ma gloire. J'ai vu M. de Cherval il m'a bien parlé de vous, il est charmant sous tous les rapports, serai je assez malheureux de partir, dit il, sans avoir vu mon cousin. Madame sa mere est admirable, ce jeune homme a l'air d'avoir trente ans pour la taille et la force, je crois qu'ils ne partiront qu'à la fin d'octobre, leur dirai je, mon bien aime, qu'ils vous verront. Félicité et ma tante vous disent mille tendres choses, elles joignent leurs vœux aux miens. Notre petit cercle n'est occupé que de vous. Donnez un baiser pour moi à Juliette, aimez Ludovic, ce sera m'assurer de ses bonnes dispositions. Adieu mon cher fils, je vous porte dans mes entrailles.

Ces maudits Anglais sont partout, ils devraient bien nous laisser tranquiles, on vient d'aller chercher les canons d'Ancenis pour garnir les côtes et on me demande cent francs pour ma part d'un cheval que fournit la commune de Thouarcé. Si cette demande s'étend à toutes les communes, il m'en coutera fort cher.

Au dos : Au citoyen de Bourmont, rue d'Aguesseau, no 1343, à Paris, fauxbourg Honore, à Paris. »

A. n. F7. 6232, no 627.

58. Vezins à Bourmont.

Vezins, 1er octobre 1800.

« J'ai appris avec grand plaisir, mon cher frère, que le vieux ménage était en bonne sante et que vous suivez très exactement les paroles qu'a prononcé le ministre du Seigneur, lors de votre mariage, *cressite et multiplicamini,* pour moi je marche la tete levée, je n'ai rien à me reprocher à cet égard. Notre bonne maman m'a annoncé qu'il entrait dans vos projets de venir passer quelque tems à la Seilleraie; nous ne jouirons véritablement que lorsque nous serons tous réunis. — Nous sommes lancés dans des affaires qui me donnent au diable; je ne sais par quel bout commencer. Je vais faire mon possible pour les terminer et jouir un peu du repos, Je vous remercie bien, mon cher frère, de l'intérêt que vous voulez bien prendre dans les affaires de Mongon, j'espère que d'après les moyens que vous avez vous annullerez les projets atroces de sa sœur et de son exécrable époux.

Emilie se porte rondement et est toujours charmante. Elle embrasse le vieux ménage bien tendrement ainsi que moi qui suis pour la vie

Votre frère,

P. de Vezins [p].

Au citoyen de Bourmont.
no 1343, rue d'Aguesseau, faubourg Saint-Honoré, à Paris. »

A. n. F7. 6232, no 539.

59. Madame de Bourmont mère à Bourmont.

16 octobre 1800.

On m'assure que vous vous portez bien, mon très cher ami, on me dit de vous tout ce que je pouvais au moins désirer d'apprendre et cela me rend un calme dont j'avais besoin, car votre long silence à mon égard m'avait causé de vives inquiétudes, vous n'en serez point surpris, mon cher bon ami, vous savez comme un cœur qui aime croit aisément ce qu'il craint. Je me suis véritablement allarmee. — Pendant que j'étais dans cette peine, mes enfants qui vous aiment ne me semblaient cependant point être inquiets de votre santé, de la je me faisais l'effort de garder sur vous le silence. Seulement, en cédant au sentiment intérieur que j'éprouvais alors, je me suis opposée à ce que dans ce moment ils vous fissent part d'un triste secret dont ils vinrent à avoir connaissance, c'est une perte que j'ai faite à laquelle vû l'état de ma fortune présente, je suis bien convaincue que vous ne pouvez manquer d'être extrêmement sensible. C'est celle de mes diamants. Elle n'est pas de fraiche datte et c'était une chose sans remède longtems avant les derniers tems que j'eus la satisfaction de vous voir. — S'il y eut eû, cher ami, quelques services propres à réparer cet événement certainement, vous et mes enfans l'eussiez plutôt appris par moi, et j'aurais eu recours à votre amitié, zèle et autres moyens. Mais en vous faisant et à eux cette confidence, je ne pouvais qu'inutilement vous affliger et dans ce moment encore je garderais ce secret s'il n'eut été découvert; parce que ces effets qui avaient bien peu de valeur dans le tems où je m'en dessaisis, se sont trouvé monter de prix au point que ma fille a cru devoir me proposer de les vendre; et a eu lieu, par là, de s'assurer que je ne les avais plus. Le chagrin de voir cette perte sans ressource et d'être depuis longtems un objet d'embaras et une charge pesante pour mes enfans n'a, je crois, pas peu contribué à augmenter mes souffrances l'année dernière. — Il m'est difficile d'exprimer tout ce que j'ai pensé et vivement ressenti *en divers circonstances :* — mais mon bon ami comme il n'y a point de ressources, il faut mettre ceci comme tant d'autres privations, au nombre des afflictions dont Dieu nous frappe quand il lui plait. — C'est moins pour moi que je m'en suis encore affectée, que pour mes enfans qui me nourrissent et l'*ami* qui souffre de mes besoins peut-être encore plus que des siens propres : — j'en puis juger parce que je le connais bien. — Je vous supplie si vous avez occasion de m'écrire ainsi que j'en ai supplié mes enfans pour le présent et pour l'avenir de ne jamais m'interroger sur la manière et la cause qui m'a occasionné cette perte, m'en parler serait augmenter et renouveler ma peine ; il suffit qu'il n'y ait aucun moyen, aucune possibilité d'en rien recouvrer pour que nous ne puissions rien faire de mieux de part et d'autre, que de nous interdire tout entretien la dessus. — Occupons nous plutot, mon cher ami, à admirer les consolations qui nous sont encore ménagées dans nos infortunes, et ne vous alarmez nullement de mes besoins actuëls, la providence y a fourni, en procurant pour l'instant au mary de ma fille assez d'aisance, pour me prêter dix louis chaque mois qui avec quatre autres que je reçois d'ailleurs comme vous savez, me suffiront tant que cela durera; si comme je l'espère avec les précautions que je prends, je puis éviter de retomber cet hiver dans l'état ou je fus l'hiver dernier — pour la suitte je n'ai pas moins de confiance de retrouver le peu qui me sera nécessaire si mon éxistence se prolonge, et je ne m'afflige, je vous assure, ni ne m'inquiette pour moi depuis que j'ai reconnu q'*hors servir Dieu,* selon son état, *sauver son âme,* en faisant de son salut sa principale affaire, *tout,* comme dit le sage, *n'est que vanité; et que quand à la mort on a fait son salut, on a tout fait, tout possédé, tout gagné,* je n'ai plus de peine a me résoudre pour moi même à tous les sacrifices. — Je les considère même comme nécessaires pour moi parce qu'ayant commencé trop tard à revenir à Dieu, je lui dois plus que d'autres. A la vérité je suis bien plus sensible à ce qui touche mes enfans. Ils commencent leur carrière quand je finis la mienne : aussi je prie pour eux dans tous les sens, et je ne doute pas que s'ils sont fidèles aux engagemens qu'ils ont pris aux pieds de Dieu, ils n'en reçoivent dès cette vie la récompense, tant de fois promise par lui même dans les saintes

Ecritures. Ayons de la foi, vivons d'après Elle et par elle, mon cher ami, et dès à present nous serons au dessus de tous les événements. — Je vous prie de vous consoler de tout dans cette vie et de ne vous troubler de rien. — Si vous voyez mes sœurs et leurs enfans, dites leur mille tendresses de ma part. Je vous embrasse mille fois ainsi que votre tendre et vertueuse amie qui m'est une partie de moi même. »

A. n. F[7] 6232, n° 480.

60. Madame de Becdelièvre à Bourmont.

La Seillerais, 30 novembre 1800.

« Il y a bien longtems, mon aimable et cher fils, que j'ai le desir de vous écrire, j'ai mille remercîmens à vous faire pour la delivrance de M. de Castellan, il est sorti de prison et il est pénétré pour vous de reconnaissance, je la partage bien véritablement puisque vous avez bien voulu avoir égard à ma priere; mais je sais que vous faites le bien pour le bien et vous êtes toujours pour moi le modèle de la perfection.

Je vous envoie, mon cher fils, une note que Railly de La Haye Mahéas a dicte a Mr Alleaume, voyez si cet arrangement vous convient et ce que vous voulez que je réponde, cet homme paraît vous être très attaché et il me parle sans cesse du désir qu'il a de vous voir rentrer dans ce bien.

Je ne puis vous dire avec quelle impatience je désire de vous voir ainsi que ma fille, on me mande qu'elle est plus fraîche que jamais et que sa jolie taille est toute rondelette. Si elle ne craignait pas d'accoucher ici, je l'engagerais bien ainsi que vous à venir ici, vous avez tous les deux besoin de repos et vous trouverez dans nos cœurs la tendresse la plus vive et dans notre manière de vivre une économie qui améliorera nos affaires communes. Tâchez, mon bien aimé, de vous rendre à nos vœux, je ne puis vous exprimer l'ardeur de mes vœux pour le bonheur de vous posséder, j'ai mandé à ma fille toutes les contrariétés que j'ai eu pour mes affaires, mais avec du courage j'en viendrai à bout. L'espérance de vous donner des preuves de ma tendresse me fait trouver tout possible, ah que je serais heureuse si je pouvais contribuer à votre satisfaction. Etes vous content de Ludovic, ah combien je le désire, j'attends incessament Mr et Mde de Vezins, mais si je n'ai pas le *vieux ménage,* mon cœur ne sera pas content, vous êtes mon bonheur, ma gloire, je ne puis vivre sans vous et c'est mon existence que je vous demande, venez donc, cher ami, Félicité vous en prie, je vous en conjure et je vous répète le vœu fait sur votre berceau de vous aimer toute ma vie.

Au dos : Au citoyen de Bourmont, rue des Petites Écuries, n° 48. »

A. n. F[7] 6232, n° 588.

61. Madame de Surineau[1] ? à Madame de Bourmont.

12 frimaire an IX 3 décembre 1800.

« Ce ne sera pas, ma fille, ma très aimable nièce, qui répondra aux doux et tendres regrets que vous lui avez si bien exprimés, elle les recut la veille de son départ, nous ne pouvions que sentir ce jour là, et votre attendrissement qui etait si conforme a nos dispositions servit doublement le notre, nous pleurames d'etre privee de votre presence et des consolations que votre sensibilité nous eut offerte. Ce n'est pas que ma bien aimée ne m'aye encore plus soignée dans cette circonstance, jamais elle ne m'a pressée avec plus d'instance de m'aller refugier dans son sein, ma tante a eu la bonté de passer quelques jours avec moi, j'ai cherché par toutes les distractions que m'offrent de petits arrangements à faire indispensablement à Montebeil a répondre aux intentions de mes amies, elles doivent

1. Voir *A. n.* F[7]. 6232, 7 messidor ou 25 juin 1800.

être contentes de mes efforts extérieurs, mon cœur a cruellement souffert, mais si vous connaissiés ma fille, vous diriez on ne la peut trop aimer, elle avait grande envie de vous en dire autant. J'ai regretté sincèrement que nos positions respectives eloignassent notre réunion. Vous nous faites toujours espérer ainsi que Mme de Vezins qu'elle sera prochaine a la Seilleraye, vous remplirés de joye bien des cœurs, celui de votre divine mère n'est occupé que de vous deux et des petits êtres que vous devés lui donner a cherir, elle travaille aux petites layettes, je compte y faire quelques poins soit au tricot soit à l'aiguille. Je veux que mes petits amis ayent quelque ouvrage de ma façon, pour cela j'irai auprès de ma filleule passer les derniers jours de l'année et commencer la nouvelle. Si vous y etiés a cette epoque, le bonheur de ma bien aimée et ma satisfaction personnelle me feraient jouir encore de quelques heureuses journées, je vous en demanderais une heure tête a tête pour vous expliquer franchement toutes mes ydées et recevoir votre avis et les conseils de votre sage et prudent epoux. Nous concillierons notre marche, nous parerions les avantages ou les dangers, enfin nous travaillerions de concert, et la certitude de ne rien hasarder raffermirait mon courage, je ne vois que variations et craintes successives, je ne scai seulement pas la contrée qu'habite mon vieux dragon, un de ses camarades a fait savoir par une voye étrangère qu'il lui était arrivé le plus fâcheux accident possible dans sa situation presente, il avait été volé, dépouillé entièrement de tout ce qu'il possédait, j'ai encore confié a la bonne foi, à la fidélité de cet intermediaire une petite somme pour réparer la perte de première nécessité, Dieu veuille qu'elle lui soit remise exactement. Ma confiance a déjà été trompée et dans un temps où je languissais de misère. J'ai mille choses à vous dire sur cet objet, il tient à mon cœur bien vivement, mais je ne veux pas travailler en étourdie et ne voir que le moment présent, c'est bien cependant celui dont on n'est (sic) le plus sur et à mon age on ne devrait pas le laisser échaper, mais ce n'est pas de moi seule dont il s'agit, je donnerais ma vie pour assurer celle de celui qui m'est cher, ainsi, ma chère et sensible niece, je ne veux rien hazarder. Parlez moi franchement de la santé de Mde de la Roche Saint André, elle doit approcher du terme de ses couches, l'on m'a dit qu'elle le redoute, je la plains, il vaut mieux être confiante comme vous et Emilie, partager la satisfaction de vos époux, sentir déjà la tendresse maternelle et imaginer d'avance des jeux et des plaisirs pour vos poupons, je les caresserai ses charmans poupons, je baiserai les jolies maman — je feliciterai les heureux petits papa: j'ai reçu des nouvelles de mes enfants à leur arrivée a La Rochelle, ils avaient besoin de s'i reposer, ma fille etoit moulue, meurtrie par la perfide tromperie de son conducteur, Ludovic a toujours été son cocher ou son postillon, les chemins sont affreux et sans son adresse et sa force ma pauvre enfant eut peri dans les trous. Faites agréer mes compliments a votre cercle, mais j'embrasse de tout mon cœur votre époux et notre cher Ludovic.

Mme Barre entre nous est presque consolée de la mort de sa fille, la misere endurcie le cœur, jusqu'au cœur maternelle, c'est vous dire qu'elle enfante bien des crimes. J'ai reçu une topette de Garus pour ma fille, elle était partie, le papier qui envelopait la bouteille était déchire, et je n'ai pas trouvé le prix sur l'étiquette, je vous prie de le marquer à ma filleule, je le luï remetrai, je n'ose vous dire que j'ai bien envie d'avoir une bouteille d'eau purgative telle que ma niece et Mde des Fontenelles font usage, je ne me rapelle [pas] le nom de cette eau, mais elle n'est pas mauvaïse au gout et n'exige pas de regime, vous avés tant d'affaires, comment pui-je vous occuper de moi, pardonnés, chere amie, et surtout ne vous fatigué pas.

Au dos: A Madame de Bourmont, rue des Petites Ecuries nº 48 à Paris. »

A. n. F7 6232, nº 494.

62. Madame de Becdelièvre à Madame de Bourmont.

14 frimaire (5 décembre 1800).

« Chaque jour qui s'écoule, ma chère bien aimée, me raproche de vous, c'est du moins mon espérance et cette idée me transporte, c'est une agitation dans mon sang que je ne puis calmer et un besoin de mon cœur auquel je ne puis résister, quand vous viendrez, ma bien aimée, aportez mes toilettes de dentelle et le peu qui me reste de mes hardes de couche, vous ne sauriez croire combien les petites chemises et les jupes sont commodes, je veux les avoir pour modèles, ne les oubliez pas, je voudrais bien savoir de vos nouvelles depuis votre visite à ma pauvre sœur, je crains que vous n'en ayez été trop affectée, il faut vous menager pour votre mari, votre maman, votre poupon, et aussi pour vous, ma bien aimée. Ma tante de la Mollière est dans ses idées noires, l'arrivée de Ludovic qu'elle aime à la folie la ranimera, nous parvinmes hier à la faire sauter au moment ou elle était le plus abattue en lui disant fi donc ma tante voulez vous que Ludovic vous trouve comme un bonnet de nuit, la vérité est qu'elle ne se porte pas bien. Je me suis aussi informée de mon coté de la caisse de porcelaine, je ne puis en avoir de nouvelles. C'est une chose étonnante, enfin je garde le vin de Champagne pour votre mari et j'espère que sa Juliette le ramènera vers moi. J'embrasse mes trois enfants de tout mon cœur et je leur crie à tous : venez, mes bien-aimés.

Au dos : Madame de Bourmont rue des Petites Écuries n° 48 faubourg Poissonnière près la porte Saint Denis à Paris. »

A. n. F^7 6232, n° 582.

63. Félicité de Becdelièvre à Madame de Bourmont.

A la Seilleraie 5 décembre 1800.

« Il me seroit impossible, ma bien aimée Juliette, de t'exprimer toutes les sensations délicieuse que la dernière lettre que tu écrivis a maman m'a causée, ô ciel peut être que dans quelques jours je verais Juliette ma tendre sœur, je la presserai sur ce cœur, qui ne vie et n'aspire qu'à ce moment si désiré mais cependant, ma bien aimée, je suis desolée que ton ami ne vienne pas avec toi je crains que cette separation ne fasse du mal à ton âme sensible! hélas qu'il est cruel, ma chere Juliette, que le cœur ne puisse jamais être parfaitement content. Il faut bien te ménager, ma tendre amie, j'ai peur que la route ne te fatigue et le petit poupon chéri. Je te recommande ces deux précieuses créatures, j'ai été bien affligée, ma chère Juliette, du malheur que ma tante et mon oncle ont éprouvé, j'ai écrit à mon oncle, je te prie, tache d'excuser ma lettre si elle n'est pas bien, je l'avourai à ma tendre sœur, à Juliette, j'étais un peu embarrassée de lui écrire. Marie est marié il y a trois jours, elle a beaucoup pleuré en nous quittant, nous l'avons fort regrettée et moi surtout pour maman a qui son service était fort agréable. Ma tante de la Mollière est avec nous, mais c'est pour peu de tems, elle va se rendre à Nantes pour un mariage au qu'elle elle a travaillé, je crois que tu a vu le Monsieur à Paris. Adieu, ma bien aimée Juliette, je suis obligée de cesser l'occupation si douce de causer avec ma sœur chérie, ô Juliette, l'idée que je vais bientôt te repéter moi même combien je t'aime me transporte, me rend presque folle, je te prie de dire a mon aimable frère la douleur que j'eprouverai de le pas revoir, j'embrasse, mon cher Ludovic, adieu encore une fois, la bien aimée du cœur

de Félicité.

Au dos : Madame de Bourmont rue des Petites Écuries n° 48 faubourg Poissonnière, à Paris. »

A. n. F^7 6232, n° 492.

64. De Becdelièvre de Bourmont à Bourmont.

Ce vendredi matin (5 décembre 1800).

« Tu ma quitté hier, mon tendre ami! je ne puis attendre plus longtems pour t'exprimer mes regrets, mon amour, la crainte de te deplaire, de t'affliger, m'a fait renfermer ma douleur au fond de mon cœur, mon ame était oppressée, j'en ai retenu l'éclat, car rien alors n'eut pu m'arracher de tes bras, je t'aime, mais ne crois pas que je sois faible, ce sentiment si vif, si profond que j'eprouve pour toi m'eleve, m'enorgueilli, me donne le courage de tout supporter, tout ce que toi et la Providence exigeront de moi, tout ce que je ferai pour toi me paraitra doux, mon bonheur est de te plaire, de t'aimer, de te dire que je ne vis que pour cela, va, Juliette est a toi jusqu'au dernier moment ou son cœur cessera de respirer.

Je t'envoye deux lettres venues par la poste que je nai pas osé décachetter j'ai repondu a deux venant de Paris.

Tout le monde t'embrasse et te regrette. »

A. n. F^7 6232, n° 641.

65. De Becdelièvre de Bourmont à Bourmont.

Samedi soir (6 décembre 1800).

« Les derniers moments que j'ai passé près de toi resteront longtems gravés dans mon âme, ô mon bien aimé, quel larmes et quel douleur, je ne te l'ai point exprimé, j'en ai renfermé les plus vives et les plus cruelles sensations, nous arrivons à Chartres a 9 heures e[t]demie, sans accident, les roues et les personnes sont entières, j'en ai rendu mille graces au ciel, ton petit poupon et sa mère sont plus affligé que fatigué, cependant je le suis un peu, la nuit nous remettra. Mr de Rosily est sorti pour aller chez Mr Bouvart, nous ferons toutes tes petites commissions Ludovic te fait bien des amitiés ainsi que Mr du Soulier, il a bien soin de ta pauvre amie. Adieu, mon bien, ma vie, toute mon existence est restée en toi, bonsoir, o bonsoir, mon bien aimé, ta Juliette ne te pressera point dans ses bras, elle ne sentira point ton cœur sur le sien, mais elle ne cessera de songer au plus aimé de tous les amis.

Mille et mille remerciments à Mr Carbos — bien des choses à tous ces messieurs.

Fermez bien les portes le soir pour ton amie! pour ta Juliette. O conserve lui son bien le plus précieux. Brule mon horrible barbouillage.

Si tu vois la pauvre Madame de La Roche, dis lui que je suis bien occupée d'elle.

Nous sommes contents de la Broussaille.

Au dos : Au citoyen Bourmont rue des Petites écuries n° 48
fg. Poissonniere à Paris. »

A. n. F^7 6232, n° 560.

66. De Becdelièvre de Bourmont à Bourmont.

La Flèche, ce lundi soir (8 décembre 1800).

« Tous les jours, mon bien aimé, j'aurai la consolation de te dire un petit mot et je suis sure de faire du bien à ton cœur en te disant qu'il ne nous arrive rien et que notre route se fait parfaitement, j'en rends grace a Dieu vingt fois par jour; la route est extremement rude, ce qui me fatigue un peu; mais il n'a pas manqué un clou à la voiture. Ludovic est fatigué, je voudrais bien qu'il ne le fut plus en arrivant à La Seillerais; o mon bon ami, dans deux jours j'aurai embrassé maman, j'aurai vu cette tendre mère et mes sœurs que je cheris; mais je serai a cent lieues de ce que j'aime plus que ma vie, o viens me rejoindre, je ne vivrais pas, si j'étais longtemps privé de ce bonheur; ne me laisse pas dans l'inquiétude, je brule déjà d'avoir une lettre de cette main cherie qui [me] faisait tant de bien lorsque je la sentais sur mon cœur. Je verrai demain M^r de La Chucheray, je ferai aussi l'autre commission que tu m'as recommandé, tu me diras un mot de ton ami, je suis inquiette du tourment que sa position te donne.

Adieu, ami cheri de ma vie, ta Juliette est à toi, jusqu'au dernier moment de la sienne.

Mes deux compagnons de voyage t'aiment et t'embrassent.

Mille choses de ma part à ces messieurs.

Au citoyen Bourmont, rue des Petites Écuries n° 48. »

A. n. F[7] 6232, n° 497.

67. De Becdelièvre de Bourmont à Bourmont (fragment).

Nantes (timbre de la poste), s. d. (décembre 1800).

« ... de partir et comme ce n'est pas lui qui blanchit ton linge, c'est la fille de Madame Duval; alors on ne lui devra rien du tout, il faut même recommander aux gens de ne point lui donner à blanchir, cela ferait double dépence; j'ai peur aussi qu'on ne soit venu te demander 15 ou 18 fr. de la part de Madame Le Sueur, marchande de dentelle, pour de petits objets qu'elle m'a fourni, je ne pus la voir avant de partir, je suis désolée, mon ange, de te charger de toutes ces petites bêtises mais je n'ai pu faire tout cela et je ne pouvais plus retarder mon départ, je n'avais plus le courage de te regarder en songeant que je devais te quitter. Adieu, bon, tendre ami, je repands une larme sur ton cœur, ecris moi un mot, penses quelquefois que je t'adore! Non ce mot n'est point trop fort! Maman et Felie t'embrassent et t'aiment, je ne puis songer à tous leurs soins sans le plus grand attendrissement, elles me parle souvent de mon ami, je suis heureuse! je verrai bientôt Émilie, peux-tu t'arranger de la cuisinière.

Au citoyen Bourmont rue des Petites Écuries, 110
48, faubourg Poissonnière, Paris. »

A. n. F[7] 6232, n° 516.

68. Madame de Becdelièvre à Bourmont.

La Seillerais, ce 8 décembre 1800.

Je suis comme les autres, mon cher bien aimé, j'ajoute à vos peines à vos embarras et je vous enlève une compagne cherie, rien n'est plus vrai pourtant que malgré l'extrême désir que j'ai de la voir, je serais desolée qu'elle partit si elle prefererait d'accoucher à Paris et si sa séparation d'avec vous pouvait nuire à sa santé et affligeait trop vivement son sensible cœur, une seule chose me console, c'est que j'espère que vous la suivrez bientot et qu'elle trouvera ici les secours, les tendres soins dont elle a tant besoin dans son état, j'ai été au desespoir du malheur de ma sœur pour elle et pour ma fille, j'aurais voulu pour toute chose au monde que cet événement cruel se fut passé loin de ses yeux, mais elle n'a pas les mêmes raisons de craindre que ma sœur, et heureusement sa santé n'en a pas été altérée, on me mande quelle est plus jolie, plus grasse et plus fraiche que jamais, j'espère bien que nous aurons un charmant poupon.

Je vous envoie la lettre que j'ai reçue de Mr Villenave, deffenseur officieux de m^r de Castellan, il vous prie d'achever votre bonne œuvre en obtenant, s'il est possible, sa radiation, vous voudrez bien me marquer, mon cher fils, si vous y pouvez quelque chose, j'ai enfin obtenu du prefet celle que je demandais provisoirement depuis longtems, toutes les démarches qu'il m'a fallu faire a ce sujet ont déchiré mon cœur, je remets ce qu'il faut faire à Paris entre vos mains, o vous qui me tenez lieu de ce que jai perdu, jugez combien je vous aime, vous réunissez une double tendresse, une double affection.

M. Maisonneuve a du vous écrire pour nos partages et vous prier de les signer ainsi que ma fille si elle n'est pas partie, j'espère que M. de Ruillé les ratiflera et que le but auquel j'aspire depuis quatorze ans sera rempli, j'ai aussi l'espoir de finir avec Mr de Lambilly, ce sont des amis communs qui seront les intermédiaires et je me flatte qu'ils réussiront, avec Mr de Rosily je n'ai aucun doute, je connais son cœur et il rend justice au mien, Émilie m'écrit qu'elle est parfaitement heureuse, cette certitude me comble de joye, je l'attends incessament ainsi que son mari, ah si vous veniez avec ma fille, je n'aurais plus rien à desirer, ne tardez pas, mon cher fils, a me procurer cette suprême consolation, Félicité vous fait la même prière, elle vous aime tendrement et dans nos soirées solitaires nous ne parlons que de vous, je vous embrasse mille fois, je vous aime, je vous plains d'être accablé de tant d'affaires et je ne forme pas un vœu qui n'ait votre bonheur pour objet, un tendre baiser à votre douce amie et une amitié à mon Ludovic.

Au dos : Au citoyen de Bourmont, rue des Petites Écuries n° 48 faubourg Poissonnière, à Paris.

A. n. F7. 6232, n° 493.

69. Madame de Becdelièvre à Bourmont.

Mercredi 10 décembre 1800.

« Elle est arrivée mon cher fils, elle est ici, elle est sur mon cœur arrivée sans accident; mais un peu fatiguée; je vais bien la ménager et soigner le précieux dépôt que vous me confiez, je vous remercie mille fois du sacrifice : mais tâchez d'abréger le nôtre, venez le plutot que vous pourez. Vous avez Besoin de repos et nos cœurs ont grand besoin de vous, ma Juliette, la votre etait ici a quatre heures elle etait partie a trois heures du matin d'angers, elle vous embrasse de toute son ame, Ludovic mr de Rosily vous disent mille tendres choses et Felicité cent mille et moi moi je ne trouve nulle expression pour vous exprimer ma tendresse et mes remercimens. quelque plaisir que ma fille ait à me voir, je sens combien elle vous regrette je vous conjure mon bien aimé de venir le plutot possible.

Au dos : Au Citoyen de Bourmont rue des petites Ecuries fauxbourg Poissonniere n° 48 près la porte st-denis a Paris. »

A. n. F7 6232, n° 504.

70. Madame de Becdelièvre à Bourmont.

La Seillerais 16 décembre 1800.

« Notre chère Juliette, mon bien aimé fils, se porte bien ; encore deux mois et je remettrai entre vos bras le gage précieux de votre douce et tendre union. N'ayez donc nulle inquietude sur le petit détail que je vais vous faire; il ne servira qu'à vous rassurer sur les suites à vous prouver nos soins et combien nous attachons de prix à la conservation de la mère et de l'enfant. Le regret de vous quitter combattant le plaisir de me revoir se combattaient mutuellement dans le cœur de notre sensible Juliette, ajoutez à ce sentiment qui fait son essence les fatigues d'une longue route et vous ne serez pas surpris qu'elle ait eprouvé quelques misères, elle ariva comme je vous l'ai mandé le mercredi à quatre heures du soir, elle soutint assez bien ce premier moment, le jeudi et le vendredi elle était fatiguée mais sans pouvoir nous causer d'allarmes, dans la nuit du vendredi au samedi elle fut fort agitée, elle eut de la fievre, cependant elle se leva à midi mais sans sortir de sa chambre, la fièvre augmenta elle se sentit brisée dans tous les membres des douleurs dans les reins et de tems en tems de légères coliques, je la priai de permettre que j'envoyasses chercher mr Michel dans lequel elle paraissait avoir de la confiance, elle fut quelque tems à se décider, elle y consentit et Etienne partit pour le ramener dans la voiture à quelqu'heure que ce fut, pendant ce tems ses douleurs ne s'affaiblissaient point et vous jugez de mon désespoir, à minuit la voiture arriva, et ce ne fut pas mr Michel que j'en vis descendre parce qu'il etait auprès d'une dame en couche mais mr Bacqua aussi habile aussi instruit que lui, bien plus facile a avoir, bien plus attaché a ses malades et qui a soigné ma fille avec le plus vif intérêt il ne se pressa pas d'ordonner des remèdes, il examina son état, il eut d'abord le projet de la saigner, mais persuadé ensuite qu'elle n'accoucherait pas, que les nerfs seuls produisaient l'agitation qu'elle eprouvait, il se borna aux calmans et sa maniere nous a parfaitement réussi, a six heures du matin, la fièvre se dissipa, votre bien aimée dormit quelques heures, Mr Bacqua passa la journée avec nous, il partit ensuite en nous promettant de revenir a toute heure et en nous assurant que nous pourrions etre parfaitement tranquiles, nous le sommes si bien que nous ne l'avons pas fait revenir, dimanche et lundi elle fut encore un peu brisée du reste de ses douleurs aujourd'hui mardi elle s'est levée a une heure et l'est encore a six heures du soir au moment ou je vous écris, mais pendant quelques jours, elle ne sortira pas de sa chambre elle s'est occupée aujourd'hui des brassières pour le petit poupon et de son bien aimé auquel elle ecrira demain, votre derniere lettre lui a fait plus de bien que la présence de Mr Bacqua, cette lettre est sous son oreiller, sur la chaise longue, sur le fauteuil, sur toutes les places qu'elle ocupe successivement, écrivez en quelques autres, mon cher fils, c'est le baume le plus salutaire jusqu'au doux moment ou elle vous pressera sur son tendre cœur, elle vous embrasse mille fois, Félicité, Ludovic, mon neveu, vous assurent de leur tendre attachement. Ludovic a fait un petit voyage a la ville pour voir mes tantes, on a cru que c'était vous, le général qui commande à Nantes et dont je suis désolée de ne pas vous dire le nom (mais je vous le manderai), étant ici ce matin à 9 heures, il nous a trouvés tous au lit, je me suis levée avec empressement après l'avoir recu un instant avant de me lever pour lui prouver qu'il ne nous fallait aucune preparation, il m'a dit qu'ayant appris votre arrivée, il venait pour avoir le *plaisir de faire votre connaissance*, je lui ai dit que vous etiez à Paris, que je n'avais pas encore le bonheur de vous posseder, il a été de la plus grande honnetete, je lui ai présenté mon neveu et mon fils il les a invités a diner chez lui, il a dejeuné avec nous, j'ai fait rafraichir son escorte, il a été très flatté que je lui permisses d'offrir ses hommages à Mde de Bourmont, apres un million de politesses réciproques, il est parti parce qu'il donnait a diner au préfect, dans la conversation particuliere qu'il a eu avec moi il m'a dit quil eut desiré infiniment de vous voir pour se concerter avec vous sur la tranquilité du pays, voila, mon cher ami, ce qui s'est passé dans notre entrevue, ma fille a du vous mander que le prefect avait envoyé la radiation provisoire de notre cher et malheureux enfant au ministre de la police, helas j'ajoute à vos peines, mais si vous le pouvez tâchez qu'elle soit définitive.

N'ayez nulle inquietude pour notre bien aimée Juliette, vous connaissez mon cœur il est tout a elle, il est tout à vous, mon cher fils. »

A. n. F7 6232, no 563.

71. De Becdelièvre de Bourmont à Bourmont.

Le 27 Frimaire (18 décembre 1800).

« O mon bien aimé, je vis pour toi; pour te revoir, t'aimer, pour donner le jour a notre petite créature j'espère à present quelle est sauvée et ta Juliette aussi; après avoir passé deux jours entiers avec notre bien aimée maman parfaitement bien; n'éprouvant que de très-légères fatigues et ne regrettant que toi que je porte toujours dans mon cœur. Le troisieme jour et la nuit suivante je souffris des douleurs affreuses, ma tendre mère envoya cherché un médecin qui arriva dans la nuit, je ne voulu pas qu'il me saigna dans la crainte que cela ne me fit accouché; il croyait lui même aux maux que j'éprouvais que le travail était commencé, je tremblais pour ton pauvre petit et je m'écriai : il ne vivra pas! j'en étais au desespoir; je m'affligeait : j'étais loin de toi je n'entendais pas ta voix chérie; tout cela manquait a ma consolation quoi que je fus comblé de soins, de tendresse, d'amitiés ; enfin, mon tendre ami, les douleurs diminuent, je souffris moins et le médecin commença a voir cesser le danger, notre bonne mère fut rassurée ; et le bonheur de pouvoir te serrer encore dans mes bras vint me ranimer me donner des forces et du courage; je suis bien a présent ; fort bien, condamnée a rester encore une fois 9 jours sans presque sortir de mon lit d'ou je técris; mais si je puis venir à bout de conserver la petite créature comme je l'espère je serai dedomagé de tous mes petits sacrilicices (sic) celui dêtre loin de toi d'un être si doux si parfait me parait le plus cruel à supporter; ô mon bien aimé je t'aime je ne puis t'oublier une minute, tu me l'a recommandé en te quittant, hélâs cela n'était pas nécéssaire mais tes paroles se sont gravées dans mon âme; je ne vois que toi j'y pense sans cesse je te porte dans moi; tu as ta place auprès du petit, il me semble vingt foi par jour te serrer sur mon cœur, je m'attendrit et je pense aux moments ou jétai[s] asse heureuse pour celà, je crains de t'ecrire une trop longue lettre, mon tendre ami, tu ne les aime pas et puis je sais tout ce qui t'occupe mais lorsque tu songera que c'est mon plus grand bonheur de t'instruire de tout ce qui me touche alors tu me laissera faire, ma main tremble encore je n'aspirais cependant qu'au moment où je pourrais prendre la plume pour te parler encore des transports et de la joie avec laquelle j'ai été reçu par notre bien aimée maman, notre Félie et toute la maison, maman me conduisit le soir dans la chambre que tu a désiré que je conservasse; j'y trouvai un lit délicieux, extrémement simple mais d'un goût charmant, il etait aisé de voir à sa grandeur qu'il était destiné pour mon bien aimé et pour moi, je t'avoue qu'au milieu du plaisir qu'il m'a fait, il a de nouveau excité tous mes regrets je n'osais porter mes regards sur aucun objets ils étaient tous trop attendrissans pour moi le reste de la chambre est très bien arrangé tout ce qui peut être utile et commode; le lit est tout blanc avec des franges vertes et puce; il y en a un autre pour toi dans une petite chambre à côté que j'ai occupé autrefois et que l'on te destine aprésent mais tu ne m'abandonnera pas il y a une si grande place à côté de moi je n'ose pas dire bonne; c'est toi qui me l'a dit quelquefois : — c'est le général Chabot qui commande à Nantes dont nous avons eu la visite, maman t'en a parlé; ce nom ne vous sera point inconnu, nous l'avons parfaitement reçu. M. de Rosily et Ludovic sont a Nantes, ils irons le voir.

Prends garde au *grand homme,* il me fait trembler, malheureusement il n'est que trop reconnu que souvent dans le premier moment et pour un tems le vice triomphe de la *vertu.* J'ai reçu ta bonne lettre, elle a fait tout le bien possible a mon ame ; viens ô viens l'amour t'ouvre son sein; l'amitié son cœur; le mien brûle, tout le monde te désire et te dis les plus tendres choses je n'ai pas besoin de nommer les amis qui m'entourent tu connais leur tendresse pour toi je n'ai point vu encore Mdes de Menou et de la Mollière, leur voyage ici était fixé à Noel, et cela leur paraît un voyage, je connais une personne, mon bien aimé, qui aurait bien désiré avoir un moyen pour dire à son ami de petites choses secrettes et importantes qu'elle pourait être dans le cas de savoir et qu'il serait quelque fois essentielle qu'il sut aussi ; mais j'ignore comment il faut s'y prendre si tu peux m'en dire un mot cela poura peut être être utile, vois si tu peux rendre ce petit service, je prolonge tous les moyens de causer avec mon bien-aimé, loin de lui mon imagination travaille; je ne pense qu'a lui, ne vois que lui si les lettres que tu a reçu pour moi t'obligés a des écritures, renvoye les moi, je ne doute point qu'elles soient aimables et tendres pour toi, on aura bien du plaisir à recevoir un mot de toi.

J'ai relu la lettre de M. le Sage je lui écrierai on doit très peu de chose au serrurier, la cuisinière sait celà; et 36 livres au md de vin — Adieu amour de mon ame de ma vie, notre bonne mère te serre dans ses bras reçois dans les tiens ta Juliette qui te chérit si tendrement si tu vois mes tantes fais leur mille amitiés pour moi, dis nous des nouvelles de Madame de la Roche St A. Mlle Manette t'assure de son respect, j'en suis très contente si tu peux fais demander au portier son parapluie elle l'a laissé dans leur loge. — adieu, adieu, ami de ma vie, je te reverrai, je te presse sur mon cœur.

Au dos : Au citoyen Bourmont rue des Petites Ecuries n° 48
faubourg Poissonnière à Paris. »

A. n. F7 6232, nos 478 et 479.

72. De Becdelièvre de Bourmont à Bourmont.

7 nivôse (20 décembre 1800).

« La douleur dont mon ame est oppressée fait, mon bien aimé, que je ne t'écrirai qu'un mot aujourd'hui J'ai ressenti jusqu'au fond de l'ame tes chagrins et tes regrets, j'en suis accablée, j'ai pensé à ce qu'a du souffrir mon ami! je connais son cœur! et le mien en a été déchiré; c'est hier au soir que je reçu ta lettre si bonne si touchante et si tendre pour ta Juliette; plus elle me fait connaitre mon bonheur! plus le fait qu'elle contient m'indigne et m'épouvante, quelle crainte ne doivent pas inspirer des gens qui n'ont point celle de répandre le sang. O mon bien aimé je me jette à tes pieds pour implorer ta prudence! je ne saurai trop te dire la frayeur affreuse que m'inspire le *grand personage*. Depuis longtemps j'étais tourmenté par un pressentiment qu'il cherchait à ouvrir l'abîme sous tes pas pour t'y precipiter ma main tremble et mon cœur frissonne en te découvrant le secret avertissement de mon cœur; ce que tu m'a apris a ce sujet peu de momens avant de te quitter est resté enseveli pour moi seule dans le plus profont secret j'ai moins d'inquiétudes parce que tu est averti a présent; mais n'es-ce pas un autre piege? cependant lorsque le crime est connu il devient moins dangereux; mais la perfidie peut exister encore; ô mon ami, toi le seul que j'aime sur la terre; j'expirerais avant toi, si tu ne conservais tes jours. je sais ce que je dois à la petite creature que je porte; elle m'est chère autant qu'il est possible; mais, je te le dis, je serais mauvaise mère; rien ne me ferais survivre au plus grand des malheurs! a la seule idée duquel mon cœur ne respire plus! pardonne! mon ami a la force du sentiment qui m'entraine vers toi; je m'éloigne du calme, de la douleur qui règne dans ton âme dans tes actions; je m'en rapprocherais pour te plaire, pour être semblable au meilleur, au plus tendre des amis; mais à la vue de ce qui le touche et l'interesse je ne puis retenir mon cœur et c'est la vivacité de son amour qui le conduit, rassure ton amie, ecris lui des lettres qu'elle baise cent fois, dis moi tout ce qui t'afflige, tes maux tes chagrins; ils s'adouciront un peu lorsqu'ils seront partagés, ta Juliette est sensible, elle en supportera la moitié. Je suis mieux, notre petit ange sera bénie du ciel comme il l'est déjà par notre tendre mère, il sentira un jour le bonheur d'être dans tes bras, le moment où j'y tomberai sera bien doux et bien senti par ton amie; maman t'aime, me le dis sans cesse, elle est bonne et tendre; Félicité sera comblée de te voir, elle t'embrasse, Ludovic et mon cousin — adieu adieu âme de ma vie.

Au dos : Au citoyen Bourmont rue des Petites Écuries, n° 48 faubourg Poissonnière, à Paris. »

A. n. F[7] 6232, n° 377.

73. Madame de Becdelièvre à Bourmont.

22 décembre 1800.

« Cher ami de mon cœur, soyez tranquile bien tranquile sur notre chère Juliette, elle se porte bien, elle est parfaitement rétablie, les neuf jours sont passés, elle se lève, elle sortira aujourd'hui de sa chambre, il n'y a plus rien à craindre, nous conserverons tous nos biens et le joli poupon sera remis par sa maman dans vos bras. J'ai bien souffert, mon cher fils, mais le ciel a eu pitié de moi, il vous doit secours et protection, il ne vous abandonnera jamais, ni ceux qui tiennent si intimément à vous. Recevez les tendres caresses de votre bien aimée, celles de Félicité et l'attachement de mon neveu et de mon fils. La visite du général Chabot ici a lancé nos jeunes gens dans le tourbillon, il les a priés à dîner, au bal et il a fallu accepter son invitation, ils ont été parfaitement reçus aussi par le prefect mais il fait une chose qui m'afflige infiniment, il pretend que le passe-port de Mr de Rosily portant qu'il résidera à Nantes, il ne peut lui permettre de demeurer ici, sans y être autorisé par le ministre de la police auquel il a écrit à ce sujet, Mr de Rosily est désolé, le prefect m'a fait demander à dîner, il viendra mercredi ou jeudi, je saisirai cette occasion pour lui en parler, peut être obtiendrai-je quelques jours, pouriez vous faire mieux mon cher fils, je m'en rapporte à votre cœur et à vos moyens. Ne vous tourmentez pas pour Mr de Castellan vous avez assez fait pour lui, qu'il fasse le reste. Quant à Madame de Ruillé elle ne veut pas signer le partage qu'elle n'ait touché la somme de quatre mille cinq cent livres et son sixieme du vieux mobilier du Gruménil, je viens de lui ecrire et de lui envoyer un mandat de quinze cent livres qu'elle touchera a la minute qu'elle levera les arrêts ainsi que sa part du mobilier soit en nature soit en argent à sa volonte, je promets de plus de lui payer avant six mois le reste des 4500 livres, je viens d'écrire a Mr Hullot à ce sujet, il me semble qu'elle doit accepter ces conditions, si vous la voyez mon cher ami, voila ce que je vous prie de lui dire en grace ne cherchez pas à lui donner de votre propre argent, ah ne vous ai-je pas déjà depouilé, moi qui ne desire la fin de mes affaires que pour vous prouver et ma tendresse et ma reconnaissance, c'est sans compliment que je vous conjure de n'en rien faire, deux mille francs conduiront bien loin une femme qui ne fait aucune dépense, seulement si M. Hullot vous ecrit engagez le à faire honneur sur le champ à mon mandat.

Je vous remercie de tout ce que vous me dites de Ludovic, je pense bien comme vous et je vais profiter de son séjour ici pour le former un peu à la chasse et aux exercices du corps. La presence de Mr de Rosily et celle de Mr de Vezins que j'attends à la fin de la semaine seront un exemple utile pour lui, helas son éducation a été bien négligée par les circonstances, j'en gemis tous les jours mais si vous permettez qu'il passe quelque tems auprès de vous, je ne puis croire qu'il n'ait pas le désir d'approcher d'un si parfait modele. Cher ami, je n'ajoute plus rien, vous ne me lirez pas mais mon cœur sent ce qu'il dit et votre union avec ma Juliette me rend la plus heureuse des mères, croiriez vous que Ludovic desire d'épouser Mademoiselle de Damas et que Juliette dit que si vous en parliez vous pouriez réussir. Si ce n'est pas une folie il faudrait peut etre s'en ocuper, il serait là dans son centre et j'en bénirais votre amitié et le Ciel.

L'affaire du pauvre Railly est une horreur, ce pauvre homme en retournant à La Haye portait ma prière d'attendre votre réponse et l'assurance à ces gens là d'etre payés, il a trouvé les bois abattus, il est au désespoir, Mr Maisonneuve ne peut plus rien à cela mais tout ce qu'il poura il le fera, je ne laisserai pas refroidir sa bonne volonté. Adieu, mon cher et bien aimé fils, ah ne tardez pas a rendre notre bonheur parfait par votre douce présence.

Au citoyen de Bourmont rue des Petites Écuries fauxbourg Poissonnière n° 48 près la porte Saint-Denis a Paris. »

A. n. F^7 6232, n° 553.

74. De Becdelièvre de Bourmont à Bourmont.

22 décembre 1800.

« Chaque jour je regrette davantage et mon ame ne s'accoutume point à la douleur de vivre éloignée de toi, ô mon bien aimé ! jamais, jamais je ne te quitterai, non jamais je ne me séparerai de toi, je te suivrai partout je vivrai pour toi pour t'aimer, te chérir toute ma vie, te le dire quelques fois ! et toujours chercher à te plaire et à faire ta volonté. Maman a reçu ta bonne lettre, elle lui a fait grand plaisir, elle ne l'a pas lu sans attendrissement; ni moi je t'assure; tu est (sic) bon doux et tendre pour ton amie, notre bien aimée maman t'écrit encore, ah je serais heureuse dans ses bras si ton image ne venait troubler mon bonheur ou plutôt je me plais à me la repressenter sans cesse, cette idée est ma consolation ; je suis mieux, je pourrais dire tout a fait bien et ne conserve qu'un léger ressentimens de mes maux, je vais me préparer à en soutenir d'autres ; mais tu m'as promis de venir me donner du courage, cependant, ô mon ami, si cela te fait trop de peine ne viens point, tu crains de voir souffrir ton amie que tu est (sic) aimable, mon bien aimé. Dieu aura pitié de nous et le petit nous dédomagera de tout cela. J'invoque chaque jour la Providence pour ce petit être et pour mon bien aimé ; parlez m'en un peu et dites moi si sa vie est un peu moins agité ; qu'espérez vous pour votre ami ? je te suis partout intérieurement je m'occupe de toi dans toutes les minutes de ma vie. A (sic) tu ecris à notre bonne mère sait-elle que ta compagne, la femme de son enfant, est grosse ; lui a-t-on demandé comme nous en etions convenus si elle voulait etre la mareine de notre enfant si tu avais voulu c'est elle qui aurait pu demandé (sic) à cette personne qui habite le même lieu qu'elle, pour nommer l'enfant avec elle et pour le moment ; on n'eut fait aucun acte dans lequel il en serait question. Mais je crois que cet arrangement ne te convient pas, je t'envoyerai une lettre pour cette bonne mere j'aurai bien du plaisir à l'assurer de ma tendresse et de mes sentimens, maman te mandes la petite contrariété que nous éprouvons pour M. de Rosily ; quand nous aurons vu le préfet, nous saurons si il faudra faire quelques démarches près le Ministre de la police ; malgré ses occupations, nous nous adresserons à mon ami dans cette circonstance — maman desire aussi d'avoir des toilettes de grandes dentelle qui sont dans les armoires du petit cabinet qui est après celui où tu te coëffe le long de la petite terasse, tu poura dire à la cuisinière d'en faire un paquet bien cousu et bien envelopé dans plusieurs serviettes ; il ne faut pas envoyer le voile de velours gramoisi qui est dans le même paquet ; maman ne le désire pas ; mais il faut que tu recommandes le paquet à un courier et non à la diligence car il serait perdu, si tu étais assé bon pour m'envoyer un bon chale bien chaud et grand ; les appartements sont si vastes ici qu'il y fait un peu froid et je ne me suis pas assé précautionnée ; je ne le désire pas en poil de lapin parce qu'il en sort un petit duvet qui irait sur le petit et dans sa bouche, ce qui fait tousser ; en soie il ne serait peut être pas assé chaud, tu pourais le prendre en laine, d'ailleur j'aime mieux qu'il soit absolument a ton goût, j'aurai beaucoup plus de plaisir à le porter ? Je vais tâcher d'écrire à M. Le Sage pour le prier de vouloir bien aller à la trésorerie : — Maman te répond pour Mme de Ruillé, qu'elle femme ! Je voudrais que tu eut la bonté de payer à M. Garic, le coiffeur, 47 livres qui reste dû pour le blanchissage. C'est absolument tout ce qu'on lui doit, je ne pû pas lui payer avant.

A. n. F[7] 6232, n° 488.

75. De Becdelièvre de Bourmont à Bourmont.

2 nivôse (23 décembre 1800).

Pourquoi ? mon ami, est ce que je lis vos lettres cent fois, cent fois et cent fois encore ; c'est qu'elles me font du bien, qu'elles sont ma consolation, qu'elles vont à mon ame et que je les porte sur mon cœur, hier au soir je reçu celle du 26 frimaire, elle ne m'a pas encore quitté, j'attendrai le 15 janvier avec impatience, je suis triste lorsque je pense que mon bien aimé passe souvent ses soirées seul ; il m'en a bien couté pour m'arracher d'auprès de lui et pour abandonner les petits momens qu'il me donnait. Tendre ami, j'écris à M. Le Sage, si il n'a pas la bonté d'envoyer ce que je lui demande pour M. de La Chucheray, il n'y a puissance au monde qui empeche ce dernier de faire le voyage de Paris ; ainsi il faut prévenir ce *malheur* d'autant que ce voyage lui déplaît assé dans ce moment parce qu'il n'a pas de fond. J'agis avec toi, comme si tu en avais, mon bon ami, je ne puis te dire à quel point je suis tourmentée du billet que j'ai donné à M. Clerget. Il doit echoir le 15 nivose, il te sera sûrement presenté, ne me trouvant point, on te le portera, je ne prévois pas d'ici là qu'il me soit possible de t'envoyer cette somme, je me jette à toi, mon bien aimé, pour te prier de le payer, il est de 404 livres et je crois qu'il n'y a pas moyen de le prolonger c'est un billet à ordre; *l'homme* qui est fort honnête mais fort intéressé l'a bien fait exprès de le faire faire dans cette formule. Je n'espère *qu'en toi!* je te rendrai compte le plus tôt possible de l'affaire Jalabert, n'ayant point encore sorti de ma chambre, je n'ai pu voir M. Maisonneuve mais je lui écrirai s'il ne vient point; je suis etonnee que ce soit par lui que tu ais appris mon arrivée auprès de notre tendre mère, car elle t'écrivit elle même le soir de notre reunion, il n'y avait pas deux heures que j'étais dans ses bras qu'elle te le mandat; sois assé bon pour joindre à l'envoi que je t'ai demandé un chale de soie pour cette bonne mère à la mode mais en couleur foncée. Nous travaillons déjà beaucoup pour le petit poupon, on en parle sans cesse, il sera bien vêtû lorsqu'il viendra au monde tout cela me reporte vers toi et mon idée est toujours la, cher ami, de mon âme, reçois mes plus tendres embrassemens, je te presse dans mes bras sur mon cœur, ta Juliette est à toi seul pour la vie!

Felicité est ravi de voir un petit mot pour elle dans tes lettres; la bonne mère t'embrasse, t'unit dans son cœur avec moi, Ludovic est à Nantes pour plusieurs jours avec M. de Rosilly. Nous attendons Emilie! Dis moi quelques pages des nouvelles de nos amies éloignées. Je les aime aussi. C'est une seconde mère, ma sœur et j'espère mon amie, ah mon cœur leur est ouvert. Nous avons l'espoir de trouver le cheval et si il est possible il sera bientôt rendu.

M. de Rosilly est de retour, le préfet lui a accordé la permission de rester ici sous la surveillance du maire de Carquefou ainsi j'espère que cette affaire n'ira pas au ministre de la police. Ainsi nous n'avons rien à faire pour cet objet. Cela ne nous regarde plus, on lui a promis qu'il serait tranquile.

Au citoyen Bourmont, rue des Petites Écuries, faubourg Poissonnière, à Paris. »

A. n. F[7] 6232, n° 607.

76. De Becdelièvre de Bourmont à Mme de Bourmont [sa belle-mère].

26 décembre 1800.

La cruelle barrière qui nous sépare, ma chère maman; m'a privé du bonheur bien doux de vous parler souvent de mes sentimens et de mes regrets de vivre éloignée de vous, mon ami me fait espérer que j'aurai bientôt la satisfaction de vous voir au milieu de nous; de vous entendre me nommer du nom qu'un lien bien doux m'a fait acquerir auprès de vous; je vous offrirai mes soins ma tendresse et en me jettant dans vos bras je vous demanderai de nouveau votre bénédiction pour moi et pour la petite créature que je porte. Votre fils, celui que je chéris si tendrement, vous a mandé nos espérances. Dans deux mois ce petit être recevra le jour, je me recommande à vos touchantes prières, elles sont faites pour etre exaucées, ne reffusez pas aussi vos enfants qui vous prient de nommer celui qu'ils attendent. ce sera lui porter bonheur et ajouter au notre, le mien est parfait, bonne et tendre mère, d'avoir pour ami, pour époux, celui que le ciel et vous m'avez donné, qui mérite si bien d'être aimé, d'être heureux, ah! ma vie entière sera consacrée à cet emploi! j'ai dans ce moment le chagrin d'être séparée de lui, ses affaires l'ont retenu à Paris et moi je suis venue rejoindre maman dans le grand chateau auprès de Nantes, il me promet de venir bientot m'y retrouver mon cœur a besoin de cet espoir, Maman vous dit, ma chère maman, les plus tendres choses, ses yeux se remplissent de larmes en songeant au tems qui s'est ecoulé sans vous voir; mes sœurs vous font aussi les plus touchantes amitiés. Emilie est déjà toute ronde, elle aura un petit poupon très peu de temps après moi!

Vos souffrances et votre santé m'ont vivement affligé, ma chere maman, assurez nous donc qu'elle est meilleure et qu'elle ne sera pas un obstacle au bonheur que nous nous promettons de vous embrasser et à celui que j'aurai à vous témoigner toute ma vie mon tendre et éternel [atta]chement.

JULIETTE (p.)

Daignez parler de moi à mon aimable sœur qui est près de vous. Priez la, ma chere maman, de me regarder comme son amie, je serais heureuse de la voir et de l'assurer de toute ma tendresse en réclamant son amitié.

Au dos : Pour maman.

A. n. F⁷ 6232, n° 786.

77. Madame de Becdelièvre à Bourmont.

31 décembre 1800.

« Combien je vous remercie, mon cher fils, de votre touchante attention à nous donner de vos nouvelles au moment de l'événement affreux qui vient de se passer à Paris, j'en avais entendu dire quelque chose, mais j'avais empeché que les détails ne parvinssent à Juliette dont je connais l'extreme sensibilité. J'ai lu d'abord votre lettre et je la lui ai donnée afin qu'elle vit elle même que je ne lui cachais rien, oh cher ami, elle a grand besoin de votre présence et tout ce qui met obstacle a ce bonheur l'afflige bien profondément, votre dernière lettre lui a fait verser bien des larmes, nous partageons vivement tout ce que vous éprouvez, votre douleur est la notre et nous formons les vœux les plus ardens pour que sa cause ne se renouvelle plus, votre tendre amie éprouve bien des misères, elle est bien plus ronde qu'a son arrivée, ce doux fardeau pour son cœur est un peu lourd pour ses forces, il pese beaucoup et elle a bien de la peine à marcher. Tout ce qui l'affecte lui fait bien mal, l'arrivée de Mme de Vezins lui a donné encore une secousse, elle est ici de dimanche au soir avec Mlle de Vezins, elles ont fait une route affreuse, des chemins abominables, sans Etienne et un garde de Vezins, elles auraient versé mille fois, c'est bien assez de trois ou quatre et pour nous combler la mesure, en venant ici le cheval de brancard se tua à la voiture. Emilie a été légèrement fatiguée de tout cela, elle est ronde comme une boule, au lieu que notre chère Juliette n'a que son petit ventre en avant, Emilie a l'air de se bien porter, fraiche, grasse, mais se plaignant toujours de ses dents, du reste parfaitement heureuse et contente, j'attends Mme de Vezins aujourd'hui et Mmes de Menou et de la Mollière, il ne manquera plus que vous, mon bien aimé, vous que j'ai aimé le premier, vous que je ne cesserai d'aimer, vous qui faites le bonheur de ma fille cherie, venez donc vous reposer, vous consoler avec nous, vous avez besoin de tranquilité et Juliette de son ami, recevez mes tendres vœux, mon cher fils, ils se renouvellent tous les jours, tout ce qui m'entoure vous embrasse, je ne peux ceder qu'a Juliette de vous aimer plus que moi.

Au dos : Au citoyen de Bourmont, rue des petites écuries, n° 48,
faubourg poissonnière près la porte Saint-Denis
à Paris. »

A. n. F⁷ 6232, n° 551.

78. Madame de Bourmont mère à Bourmont.

2 janvier 1800[1].

« Vous ne doutez pas, mon aimable fils, non seulement du consentement de votre mere, de votre tendre amie, à l'objet qui peut influër le plus sur le bonheur de votre vie, mais de la joie d'un cœur auquel vous êtes si cher et qui depuis si longtems connaît et partage tous les sentimens du

1. Cette lettre, par suite d'une erreur de copie, avait été datée de 1801. Il faut donc la reporter à sa date, 2 janvier 1800.

vôtre, vous savez aussi qu'elle amitié, qu'elle estime le caractère, la douceur, les qualités précieuses et rares de Juliette m'ont inspirée de tout tems et combien un lien si rapproché avec elle et un lien nouveau avec sa mère sont propres à me donner de satisfaction personnelle. Je les remercierai donc pour moi comme pour vous, mon cher ami ; je leur deuvrai donc une assurance du bonheur que je ressens et dès ce moment je leur écrirais avec le même empressement qu'à vous si j'avais plus d'un petit moment à raison de l'occasion qu'il est si important de saisir ; je suis un peu mieux depuis hier surtout. Je vous embrasse et vous bénis mille fois. — Il me semble absolument nécessaire que vous obteniez des dispenses en cour de Rome. L'abbé Maury qui comme cardinal porte un autre nom, s'y charge bien volontiers de toutes les affaires des Français et à raison des circonstances peut, je crois, les avoir gratis.

Quand vous mécrirez, cher ami, donnez moi des nouvelles de Richard. »

A. n. F^7 6232, n° 715.

79. De Becdelièvre de Bourmont à Bourmont.

Le 16 nivose (2 janvier 1801).

« Quelques jours passés sans avoir de vos nouvelles, mon bien aimé, me paraissent un siecle; j'éprouve en ce moment ce sentiment penible et je ne t'accuse point, je sais que tu ne peux pas faire mieux. Je t'aime ! mon cœur ma vie, ma personne est à toi, et tu me rend le retour si doux, — j'espère que notre bonne mère aura demain une lettre de toi, je dévore les jours, nous avons tiré aujourd'hui un gateau en famille, mon ami n'a point été oublié dans cette réunion touchante, tout le monde t'a nommé, et cent fois mon cœur t'a appelé, j'ai eu la fève, j'ai crié, j'ai ris, je suis mieux et cependant je n'ai pas encore tout ce qu'il me faut je ne jouirai jamais d'un bonheur parfait loin de toi j'ai oublié de te remercier du soin et de l'exactitude que tu mets a toutes mes petites commissions, Emilie m'a rendu les 15 louis de M. Edon, si tu veux je te les envoyerai, dis moi un mot, je n'ai besoin de rien ici, ma bonne, mon attentive mère pourvoit a tout ce qui m'est agréable et commode, j'écris à la tienne qui m'est devenue si chère par le doux lien que j'ai contracté; tu me fais espérer que j'aurai bientot le bonheur de la voir et de l'entendre m'appeler sa fille, elle m'unira dans ses bras avec celui qu'elle aime et que j'adore, tu as été souffrant et malade, tendre ami, je ne connais rien de plus doux que de te soigner et je n'ai point remplit cet emploi si touchans pour mon cœur ; je ne m'accoutume point à l'idée de te savoir seul dans cette maison où nous étions ensemble, tu éprouve peut être parfois quelques moments d'ennuis et moi je ne puis dissimuler quelques uns de crainte, ô mon ami, pense à ta Juliette, a tous ceux qui t'aiment. M. de Vezins me parle souvent de toi, il se trouve très heureux ici, mais il te regrette, j'entend ce langage, sa petite femme t'embrasse ainsi que notre Félicité, Ludovic t'aime beaucoup, maman te chérie comme moi, nos tantes te font bien des amitiés, ah je t'en conjure, mande moi si il y a quelque chose a espérer pour la place de M. de la Roche, l'aura-t-il? as tu eu la bonté de t'en occuper. M. de Chassiron m'avait dit que rien n'était plus certain, mon Dieu que j'en serais contente, ce serait bien heureux, sa pauvre femme m'a écrit, vous avez été la voir, je vous reconnais bien, toujours tendre et attentif. Voici encore une recommandation que l'on m'a chargée de t'envoyer, tu dois être instruit de cette affaire. La lettre adressée à M. de La Brosse que je joins ici te la rappellera, elle regarde M. de Charbonneau, je ne sais pas lequel. — Adieu, bien aimé de ma vie, je te serre sur mon cœur avec toute la tendresse de mon âme : le petit poupon fait tant de train que je ne dors presque point, il remue beaucoup surtout *la nuit*. Tous tes amis t'embrassent, viens bientôt que j'aye le bonheur de tomber quelque fois dans tes bras et de me reposer sur *ton sein*.

Mille choses de ma part à ses Messieurs. J'imagine que tu vois souvent M. de Malartic.

Brules mes lettres, j'ose à peine te les envoyer, tant elles sont mal écrites.

Adieu, adieu quand ne dirai-je plus ce mot? O mon ami, mon bien aimé! »

A. n. F7 6232, nº 440.

80. De Becdelièvre de Bourmont à Bourmont.

Ce 18 nivôse (3 janvier 1801).

« Je vous envoye, mon cher ami, une lettre que vous tacherez de faire parvenir, je voudrais bien qu'on put recevoir un souvenir de mon cœur et de ma tendresse. j'en ai reçu hier un de la tienne mon bien aimé et quoiqu'il fut bien court et sans datte, il a fait du bien à ton amie! Si tu etais assez bon pour t'occuper dune chose qui m'inquiette beaucoup, c'est que je suis désolée d'ajouter a tes affaires mais je connais ton cœur pour moi et je m'y livre avec confiance, dailleurs pour te donner moins d'embaras j'ecrierai a Mme Calmand de t'aller trouver et tu saura dans une entrevue ce qui faut faire; tu sais que j'avais mis les diamants de maman en gage pour 5200 livres; lorsque je suis partie, je me serais décidé a les vendre, ne trouvant pas de moyen pour les conserver; mais a cette époque les bruits de guerre s'accreditant et tout le monde croyant qu'elle était certaine ces objets avaient totalement perdu leur valeur, alors je me décidait a attendre un moment plus favorable dailleur c'est qu'en les retirant a cette époque j'étais toujours obligée de payer encore un mois d'intérêt qui était commencé et je crains que si je laisse ecouler encore ce terme je ne sois encore obligée de payer encore un mois entier ou plutot je crains que si on ne dit rien le bureau lui même ne vende, et si nous en venons à cette extremité il faudrait prendre un moment ou les diamants ne perdissent pas moitié de leur valeur, lorsque je suis parti on aurait perdu 3 ou 4 mille livres dessus dans cette circonstance, il vaudrait mieux renouveller encore l'engagement pour un ou deux mois, dailleur, mon bon ami, cest que lorqu'il faudra les vendre maman désire en conserver une petite portion qu'elle destine à Félicité et à Ludovic, mon bien aimé, répond moi sitot que tu auras vu Mme Halmand. J'allais faire partir ma lettre par la poste lorsque le voyage de M. de Vezins se décide ce sera lui qui te la remettra. Il te verra, j'envie ce bonheur, ô mon ami, mon cœur le suivra, mais ce cœur sera cependant a cent lieues de toi; j'ai proposé a M. de Vezins d'aller chez toi de s'y établir, je lui ai dit que c'était chez lui qu'il irait; j'ai cru et j'ai surement remplis tes intentions, je connais mon bien aimé et sait comme il reçoit ces amis, ton idée, ton image chérie m'est toujours présente, je cherche a agir comme si tu me voyais et a me rendre ta présence chérie continuelle, c'est mon bonheur et ma consolation. Emilie est belle et ronde son mari t'en parlera, il en est fou, il l'aime, l'aime à l'adoration, nous sommes ravi de son bonheur. Félicité et Ludovic te chérissent et t'embrasse, notre bonne mère t'écris je ne puis t'exprimer tout ce qui se passe dans mon âme pour l'ami que j'aime seul au monde.

J'ai grand mal au côté, le petit est cause de tout ce désordre, alors je ne me plains pas et je t'aime encore plus.

Ce n'est pas par défaut de confiance que jai cachettée la lettre pour notre maman, si tu veux tu l'ouvriras, rien dans mon cœur ni dans mon âme qui ne puisse etre connu de mon ami. »

A. n. F7 6232, nº 467.

81. Madame de Becdelièvre à Madame de Surineau, hôtel de l'Élisé, rue de Lille, nº 684, faubourg Saint Germain.

20 nivôse (5 janvier 1801).

« ... Mme de Bourmont est infiniment mieux; Mme de Vezins fort bien, toutes les deux avancent heureusement dans leur grossesse et j'espère que la providence écoutera mes vœux ardens pour leur heureuse délivrance. Elles me chargent..., etc. »

A. n. F[7] 6232, n° 726.

82. De Becdelièvre de Bourmont à M. Gavelle, tailleur pour femme, rue Montorgueil, passage du Saumon, à Paris.

La Seillerais, 20 nivôse (5 janvier 1801).

Elle écrit à M. de Bourmont pour le payer.

M. de Vezins va lui commander quelques habillements pour sa femme, Mlle Emilie de Becdelièvre.

Elle se recommande à son goût et à son adresse.

A. n. F[7] 6232, n° 730.

83. Madame de Becdelièvre à Bourmont.

10 janvier 1801.

« M. de Vezins part demain pour Paris, mon cher fils, il va jouir du bonheur de vous voir, il vous parlera de notre tendresse, il vous donnera les meilleures nouvelles de votre amie, j'envie son sort et je voudrais l'accompagner, seulement pour le plaisir de vous renouveller mes sentiments et pour vous embrasser. M. de Vezins ne sera pas longtems à Paris, que je me trouverois heureuse s'il vous ramenait avec lui, alors je jouirais de tous mes biens ; si vous le pouvez, vous viendrez, j'en suis bien sûre d'après cela, je vous parle de nos désirs et j'en laisse l'accomplissement à votre volonté, mais je voudrais bien que vous fussiez présent aux couches de Juliette, ce serait une grande consolation pour elle, un grand bien pour moi, elle est fraîche, jolie, occupée de vous, de son poupon, et ne faisant jamais que ce qui est bien. Elle vous embrasse tendrement ainsi que ses sœurs, Ludovic et mes tantes, nous parlons sans cesse de vous, tout le monde vous désire ; mais à l'ecception de ma Juliette, je ne veux céder à personne mon bien aimé quand il s'agira de vous prouver le tendre attachement que je vous ai voué. »

A. n. F[7] 6232, n° 468.

84. De Coutance de La Roche Saint André au Ministre de la police générale.

Sans date. (Avant le 21 février 1801.)

Elle demande une audience pour lui parler de MM. de Bourmont et de Vezins dont les femmes sont au moment d'accoucher pour la première fois.

A. n. F[7] 6232, n° 7.

85. De Coutance de Becdelièvre au Ministre de la police générale.

La Seillerais, 2 ventôse an IX [21 février 1801].

« Deux malheureuses femmes, dont l'une est sur un lit de douleur et l'autre au moment d'accoucher, ne peuvent porter jusqu'à vous l'expression de leur sensibilité et le cri de leur reconnaissance, c'est à une mère dont la tendresse soutient les forces à vous offrir les actions de graces de votre premier bienfait; nous vous devons, citoyen ministre, la levée du secret du citoyen de Bourmont, la conviction intime que j'ai de sa parfaite innocence et de celle du citoyen de Vezins, me fait espérer la continuation de votre justice et de votre interêt; je vous conjure, citoyen ministre, d'accélérer la liberté de mes enfans et leur retour au milieu de nous; nous vous devrons le bonheur et la vie. Daignez attacher quelque prix à la réunion des sentimens de toute ma famille, nos vœux, nos actions de grâce, demanderont sans cesse des jours heureux pour celui qui a conservé les nôtres, et notre reconnaissance sera éternelle.

Agreez, citoyen ministre, l'assurance de mon respect.

COUTANCE DE BECDELIÈVRE.

A. n. F^7 6232, n° 5.

86. De Coutance de La Roche Saint André au Ministre.

Paris, 10 ventôse (2 mars 1801).

Elle le remercie de lui avoir donné la permission d'entrer au Temple.

A. n. F^7 6232, n° 4.

87. De Becdelièvre de Bourmont au citoyen Fouché, ministre de la Police générale.

Paris, rue des Petites Écuries, 48, 19 floréal an IX. 21 avril 1801.

Citoyen Ministre, J'ai eu la douleur de ne pas vous rencontrer ce matin; d'après la permission que vous avez bien voulu me donner d'y revenir si je ne pouvais entrer au Temple, j'avais espéré que vous adouciriez le malheur que j'éprouvais. Je sais que demain vous ne recevez personne, si j'osais vous prier de faire une exception en ma faveur, j'en sentirais tout le prix et suis persuadée que vos paroles calmeraient la peine dévorante qui m'accable.

Salut et respect. DE BECDELIÈVRE DE BOURMONT.

Veuillez me faire répondre un mot, je vous en supplie.

A. n. F^7 6232, n° 3.

88. De Becdelièvre de Bourmont au Ministre de la police générale.

Paris, 23 floréal an IX (13 mai 1801).

« Citoyen Ministre, La santé du citoyen de Bourmont souffre beaucoup d'habiter la même chambre au Temple avec plusieurs personnes; veuillez ordonner qu'on lui en donne une à lui particulière.

Je vous prie, citoyen Ministre, de m'accorder ma demande.

Salut et respect.

DE BECDELIÈVRE DE BOURMONT.

En marge : Me faire un rapport sur l'objet de cette demande. F(ouché).

Il n'y a point au Temple de chambre particulière, le nombre des détenus ne permet pas qu'on ne mette qu'une personne dans chaque chambre. Peut être veut on demander une pièce près du greffe, mais elle n'est pas assez sure, elle est située entre les guichets. »

A. n. F[7] 6232, n° 2.

89. De Becdelièvre de Bourmont au Ministre de la police générale.

Paris, 23 messidor an IX (12 juillet 1801).

« Je vous prie de vouloir bien me donner un ordre pour voir mon mari en arrivant à Besançon et un autre pour que je puisse habiter la citadelle avec lui. Citoyen Ministre, accordez moi la même grâce pour le domestique qui m'accompagne. Veuillez ne pas refuser ma demande. Salut et respect.

En marge : Ecrire au préfet pour savoir ce qu'il est possible d'accorder sans nuire à la sureté. Écrire au préfet de permettre à Mme de Bourmont de voir son mari. » (Écriture de Fouché).

A. n. F[7] 6232, *n°* 121.

90. Ministre de la police générale au préfet du Doubs « lui-même ».

Paris, 26 messidor an IX (15 juillet 1801).

Il autorise Madame de Bourmont à voir son mari.
Il demande l'avis du préfet avant d'autoriser cette dame à habiter avec son mari à la citadelle.

A. n. F[7] 6232, n° 118.

91. Préfet du Doubs au Ministre de la Police générale.

Besançon, 30 messidor an IX (19 juillet 1800.

Transmettant lettre de Bourmont à une dame de Nantes.

En marge : Envoyer la lettre jointe à son adresse.

A. n. F[7] 6232, n° 114.

92. Lettre de Bourmont à sa femme.

Citadelle de Besançon, 30 messidor an IX (19 juillet 1801).

Le préfet vient de m'annoncer, ma chère Juliette, ce qui après ma liberté pouvait me faire le plus de plaisir, le ministre de la police a permis que nous demeurassions ensemble. Je vais donc bientôt te revoir ! Cette idée fait battre mon cœur et chasse toutes les autres. Je ne puis penser qu'à l'instant heureux où je te serrerai dans mes bras.

Tu sais donc où je suis, la cruelle incertitude ne te tourmente donc plus.

J'ignore encore ce qui m'a fait partir si subitement de Paris, mais je ne regretterai plus le Temple quand tu seras avec moi dans la citadelle de Besançon. Tous les lieux habités par ma bien aimée sont les plus beaux pour moi.

J'espère que tu seras à Besançon quand cette lettre arrivera à Paris, mais si quelques motifs avaient retardé ton départ, je veux que tu saches combien mon cœur est soulagé par l'espoir de notre réunion.

J'embrasse ma sœur, mon frère, nos parents, toi, ma chère amie, un million de fois. Puisse ma vive tendresse te dédommager un peu des chagrins dont je suis l'objet. Adieu, Juliette, adieu ma bien aimée.

BOURMONT.

A. n. F^7 6232, n° (112.

93. Préfet du Doubs à Ministre de la Police générale.

Besançon, 2 thermidor an IX (21 juillet 1801).

Madame Bourmont sera enfermée avec son mari mais le séjour du domestique ne sera pas toléré.

« La citadelle dont l'aspect extérieur présente une grande force n'est cependant pas tellement escarpée qu'il n'y ait eu des exemples de soldats qui s'en soient échappés en franchissant les rochers formant sa base et que les détenus, pour ne pas être dans des cachots, sont enfermés dans des chambres dont les fenêtres ne sont pas grillées, ce qui a obligé le commandant de multiplier les gardes.

Ci joint lettre adressée par Bourmont à son épouse. »

A. n. F^7 6232, n° 111.

94. Le commandant de la place de Besançon au préfet du Doubs.

Besançon, 7 thermidor an IX (26 juillet 1801).

Le prévenant qu'il faut que Madame Bourmont reste dans la forteresse ou que si elle peut y aller quand bon lui semblera « il nous est impossible de prévenir et d'empêcher toutes nouvelles manœuvres de la part de ces hommes turbulents qui nous sont séverement recommandés par la lettre du Ministre de la Police générale.

A. n. F^7 6232, n° 109.

95. Préfet du Doubs au Ministre de la Police générale.

Besançon, 8 thermidor an IX (27 juillet 1801).

« Dès que votre lettre du premier de ce mois m'a été remise par Madame de Bourmont, j'en ai donné connaissance sur le champ au Commandant de la place en l'invitant à s'y conformer. Madame de Bourmont fut immédiatement conduite par lui près de son mari. Elle y resta jusqu'au lendemain sept qu'elle se décida à revenir à Besançon. Elle auroit voulu avoir la liberté de se rendre à la citadelle toutes les fois qu'elle l'auroit jugé convenable. Vous verrez, citoyen ministre, par la lettre cy jointe en copie du commandant de la place qu'il ne croit pas à couvert la responsabilité dont il est chargé et que vous rappelez dans votre lettre du premier de ce mois, si cette faculté est accordée à l'épouse de Bourmont. Ses craintes probablement ont pour principal objet la correspondance dont elle peut être ainsi l'intermédiaire.

Je vous prie de vouloir bien me transmettre ou adresser directement au commandant vos ordres positifs à cet égard.

J'avois cru moi même d'après votre lettre du 26 messidor que la demande de Madame Bourmont se bornoit a être autorisée à demeurer à la citadelle avec son mari. Ce parti n'entraînoit aucun inconvénient. Il peut y en avoir dans l'extension de cette permission, suivant l'intention que le gouvernement attache à l'interruption de toute communication entre Bourmont et les gens du dehors.

Comme la responsabilité immédiate pèze sur l'officier qui a la garde des détenus, vous trouverez naturel, citoyen ministre, que j'aie pris en considération les motifs de circonspection qu'il m'a allégués ; j'ai promis à Madame Bourmont que votre réponse trancheroit cette difficulté. Son mari est logé convenablement, je l'ai vu par moi même, il a la chambre d'un officier de l'état major. Il a en ce moment la liberté de voir son compagnon de détention et de se promener dans le fort sous la surveillance accoutumée en pareil cas.

En marge : Les motifs du commandant de la citadelle sont justes. Il faut les approuver. Rien de ce qui concerne la sûreté des prisonniers ne doit être refusé. (De la main de Fouché.) »

A. n. F^7 6232, n° 108.

96. De Becdelièvre de Bourmont au Ministre de la Police générale.

Besançon, 8 thermidor an IX (28 juillet 1801).

« D'après ce que vous avez bien voulu me dire et les ordres que vous avez eu la bonté de me donner, je suis partie avec une extrême confiance que j'allais revoir mon mari ! jouir du seul bonheur que j'aye dans le monde ! celui de calmer ses maux ! Cette même confiance dans vos paroles me donnait la certitude que vous aviez envie que je fusse la moins malheureuse possible et qu'on adoucit l'amertume de ma cruelle position ! au lieu de cela on la rend plus affreuse depuis que je suis ici puisqu'on me prive de voir mon mari jusqu'a ce qu'on ait reçu l'ordre de vous. Celui que j'ai apporté de votre main au prefet pour ma libre communication avec lui ! n'a pas son exécution, parce que le commandant de la place s'y reffuse jusqu'à ce qu'il n'en ait reçu un semblable de vous adressé à lui directement. Je vous supplie donc, citoyen ministre, d'avoir la bonté de l'envoyer promptement afin que la cruelle douleur dans laquelle me plonge ce retard n'épuise pas le peu de force qui me reste. Tout ce que vous avez bien voulu faire pour moi me fait espérer que vous ne serez pas insensible à ma demande et que vous voudrez bien envoyer au commandant l'ordre si nécessaire à mon existence.

Salut et respect.

Ma sœur veut bien se charger de plaider ma cause près de vous. Je ne doute point du succès et vous prie, citoyen ministre, de croire à ma reconnaissance.

En note : Écrire qu'on donne la permission demandée. Mais rien qui puisse nuire à la sûreté exigée et dont le commandant est responsable. (De la main de Fouché.) »

A. n. F^7 6232, n° 104.

97. Ministre de la Police générale au Préfet du Doubs.

Paris, 12 thermidor IX (31 juillet 1801).

Il accuse réception de sa lettre du 8 thermidor, il écrit au commandant de la place pour approuver les motifs d'empêcher Madame Bourmont de communiquer avec son mari et lui recommander de ne rien négliger pour la sûreté des détenus.

A. n. F⁷ 6232, n° 107.

98. Ministre de la Police générale au Préfet du Doubs.

Paris, 14 thermidor IX (2 août 1801).

Il accuse réception de la lettre du 2 thermidor. Il approuve les mesures concernant Madame Bourmont.

Il approuve la mesure projetée d'apposer des grilles aux fenêtres des prisonniers.

A. n. F⁷ 6232, n° 106.

99. Ministre de la Police générale au Commandant de la Place de Besançon.

Paris, 15 thermidor IX (3 août 1800).

Ensuite de la note apposée sur la lettre de Becdelièvre de Bourmont du 8 thermidor m. a.

A. n. F⁷ 6232, n° 103.

100. Ministre de la Police générale au Commandant de la Place de Besançon.

Paris, s. d.

Il l'approuve d'empêcher Madame Bourmont de voir son mari et lui recommande une vive surveillance.

A. n. F⁷ 6232, n° 102.

101. Préfet du Doubs au Ministre de la Police générale.

Besançon, 16 thermidor IX (4 août 1801).

Madame Bourmont s'est décidée et vient d'être internée avec son mari.

A. n. F⁷ 6232, n° 105.

102. Commandant de la Citadelle de Besançon au Ministre de la Police générale.

Besançon, 16 thermidor IX (4 août 1800).

Avant hier Madame Bourmont s'est présentée; et hier elle a fait son entrée dans la place pour y demeurer avec son mari.

En marge : Accuser réception et prendre les mesures de précaution nécessaires.

A. n. F⁷ 6232, n° 101.

103. Préfet du Doubs au Ministre de la Police générale.

Besançon, 18 thermidor IX (6 août 1801).

Il transmet une lettre ouverte remise par Madame Bourmont, afin que le Ministre l'envoie, s'il le juge convenable.

En marge : Envoyer la lettre.

A. n. F^7 6232, n° 100.

104. Préfet du Doubs au Ministre de la Police générale.

Besançon, 20 thermidor IX (8 août 1801).

Transmet une lettre de Bourmont à Madame Debecdelièvre sa mère.

En marge : La lettre a été envoyée à son adresse.

A. n. F^7 6232, n° 99.

105. Préfet du Doubs au Ministre de la Police générale.

Besançon, 26 thermidor IX (14 août 1801).

Envoie une lettre de Bourmont à une dame de sa famille.

En marge : Envoyez la lettre à sa destination.

A. n. F^7 6232, n° 97.

106. Lettre Becdelièvre de Bourmont au Ministre de la police générale.

Citadelle de Besançon, 20 fructidor IX. (7 septembre 1801.)

« Vous avez répondu aux pressantes sollicitations de ma sœur et des personnes qui sont sensibles à mes malheurs que vous approuviez que j'eusse l'honneur de m'adresser directement à vous, pour obtenir quelque allégement à mon sort, quel qu'il soit et qu'il peut être. Vous êtes certain, citoyen Ministre, que fidelle à mes devoirs et à mes sentiments, je n'abandonnerai pas mon mari. Mais mon attachement pour lui m'oblige à calculer ce que je puis supporter phisiquement. Afin qu'il ne soit pas privé de mes soins, la faiblesse naturelle de ma santé que mes chagrins ont beaucoup augmenté me rend bien pénible la captivité dans laquelle je suis retenue, surtout étant enceinte. Je vous supplie donc de vouloir bien autoriser le préfet et le commandant militaire à me permettre dans la ville quand je le désirerai, et de remonter dans la citadelle pour y voir librement M. de Bourmont; il est bien évident que dans toutes les supositions cette permission, que je regarderai comme une faveur, ne peut avoir aucun inconvénient. Mais M. de Bourmont et moi prendrons solemnellement tous les engagemens que l'on poura désirer de nous.

Je vous supplie, citoyen Ministre, de penser à tout ce que peut un mot de vous pour notre soulagement ou autoriser notre infortune.

Salut et respect.

En marge : Écrire au préfet d'accorder la liberté à Madame Bourmont de sortir deux fois par chaque décade de la citadelle.

F[ouché]. (p.) »

A. n. F^7 6232, n° 92.

107. Ministre de la police générale au préfet Doubs et au Commandant de la citadelle de Besançon.

Paris, 29 fructidor IX. (16 septembre 1801.)

Autorisant Madame Bourmont à sortir deux fois par décade.

A. n. F^7 6232, n° 91.

108. Préfet Doubs au ministre de la police générale.

Besançon, 4e complémentaire IX. (21 septembre 1801.)

Envoyant une lettre de Madame Bourmont à Madame Devesins, sa sœur.

En marge : La lettre a été envoyée.

A. n. F^7 6232, n° 90.

109. Commandant de la citadelle de Besançon au ministre de la police générale.

Besançon, 5e complémentaire IX. (22 septembre 1801.)

Il accuse réception de la lettre permettant à Madame Bourmont de sortir 2 fois par décade et craint des inconvénients pour la sûreté des prisonniers à cause de Madame Jouffroy.

En marge : Si la sûreté est compromise, retirer autorisation. Faire surveiller les démarches de Madame Bourmont de concert avec le préfet.

A. n. F^7 6232, n° 87.

110. De Becdelièvre de Bourmont au ministre de la police générale.

Besançon, 1er vendémaire X. (24 septembre 1801.)

« Vous avez bien voulu adoucir mon sort en me permettant d'aller deux fois par décade dans la ville, cela était absolument nécessaire à ma santé, je vous en remercie, mais ma reconnaissance serait bien plus grande encore si vous aviez la bonté d'accorder la ville pour prison à mon mari. Ah! je sentirais bien mieux le prix d'un bien qu'il partagerait. Si des raisons politiques vous empêchent de lui donner sa liberté dans ce moment, elles n'exigent pas qu'il souffre et qu'il soit malheureux; il le serait moins dans la ville quoique éloigné de toute notre famille. Faites que je vous doive ce bienfait, citoyen Ministre. Veuillez bien nous l'accorder et ne pas refluser une chose qui m'est d'autant plus précieuse qu'elle rend la position de mon mari moins affligeante; il vous offre ainsi que moi et toute notre famille toutes les sûretés et toutes les garanties qu'il vous plaira d'exiger. J'espère que vous ne tromperez pas mon attente et la confiance que j'ai, que vous voulez diminuer nos maux. Permettez-moi de m'unir à ma sœur pour vous offrir mes actions de grâce de la joie que vous avez répandu dans mon cœur et dans celui de toute notre famille en nous accordant la liberté de mon frère.

Salut et respect.

A. n. F7 6232, n° 89.

111. Préfet Doubs au ministre de la police générale.

Besançon, 2 vendémaire X. (24 septembre 1801.)

Transmet une lettre Madame Bourmont du 1er au ministre de la police générale.

Et une lettre de Suzannet à sa mère.

En marge : Lettre envoyée à son adresse. A joindre. 5 vendémiaire :

A. n. F7 6232, n° 88.

112. Becdelièvre de Bourmont au Ministre de la police générale.

Bes., 21 vendémiaire X (13 septembre 1801).

« J'avais eu l'honneur de vous écrire pour demander que mon mari eut la ville pour prison parce que le manque d'exercice altere sa santé. Vous n'avez probablement pas jugé convenable de m'accorder cette satisfaction puisque les autorités chargées de notre surveillance n'ont reçu aucun ordre relatif à ce sujet.

Mais alors, citoyen Ministre, les préliminaires de la paix n'avaient pas été signés, l'époque à laquelle vous m'avez promis la liberté de mon mari est arrivée. La tranquillité de l'Etat est assurée au dedans et au dehors. Daignez donc en parler au premier consul et nous permettre d'aller vivre au sein de notre famille.

Salut et respect. »

A. n. F7 6232, n° 84.

113. Préfet Doubs au Ministre de la police générale.

Besançon, 22 vendémiaire (14 septembre 1801).

Transmettant deux lettres écrites par l'épouse de Bourmont, l'une pour le Ministre de la police générale, l'autre mise à la poste le 27 vendémiaire d'après une note sur cette lettre.

A. n. F7 6232, n° 83.

114. Commandant de la citadelle de Besançon au Ministre de la police générale.

Besançon, 23 vendémiaire X (15 octobre 1801).

Lui annonçant que chaque fois que Mme Bourmont sort, elle est suivie par la police.

A. n. F[7] 6232, n° 85.

115. De Bourmont à sa femme.

Besançon, 19 brumaire X (10 novembre 1801).

Sur l'affaire Clément de Ris.

« Adieu, ma bien aimée, te voilà mon plenipotentiaire pour deffendre ma réputation. »

A. n. F[7] 6232, n° 80.

116. De Coutance de Becdelièvre au Ministre de la police générale.

La Seillerais, 20 brumaire X (11 novembre 1801).

« Citoyen Ministre,

Je ne cherche d'autre protection auprès de vous que ma reconnaissance et mon malheur; j'ignore si la lettre que j'ai l'honneur de vous écrire vous parviendra, je la confie au pressentiment de la nature et de mon cœur. Mme de Vezins ma fille est heureuse par vous, vous seul pouvez également sécher les larmes de Mme de Bourmont mon autre fille; je suis tentée, citoyen Ministre, de me présenter à vous, j'ose croire que vous m'accorderiez la liberté de son mari, je ne verrais ma fille qu'après avoir obtenu ce bonheur : ignorée de tout le monde, je parviendrais à vous par ma confiance et votre généreux intérêt, je ne puis vous exprimer ce que je souffre, je n'ai pas le moyen de faire la route, accablée par d'anciennes dettes, par une foule de chagrins, par une santé altérée, par les soins que je dois à mes petits enfans, je gémis de mon impossibilité, daignez du moins me lire et vous serez touché de ma douleur; mes filles ignorent la démarche que j'ose faire auprès de vous. Quels vœux ne formerais-je pas pour vous, si vous exauciez les miens. La liberté de mon gendre de Bourmont, l'élimination de mon fils Anne Christophe de Becdelièvre mort en 1795, voilà les bienfaits que j'implore; on m'a flattée que vous conserviez mon souvenir, ah! croyez que le vôtre serait éternel.

Citoyen Ministre,

Agréez l'assurance de mon respect.

COUTANCE DE BECDELIÈVRE (p.). »

A. n. F[7] 6232, n° 76.

117. Préfet Doubs au Ministre de la police générale.

Besançon, 20 brumaire X (11 novembre 1801).

Transmet une lettre de Bourmont à sa femme.

et une lettre de d'Andigné à sa sœur.

En marge : Lettres envoyées aux destinataires.

A. n. F[7] 6232, n° 75.

118. De Becdelièvre de Bourmont au Ministre de la police générale.

Paris, 21 brumaire X (12 novembre 1801).

« Je vous prie de me permettre de reffuter au nom de mon mari l'article que l'on a mis contre lui dans les journaux au sujet de l'affaire du sénateur Clément de Ris.

J'espère de la justice du Ministre qu'il ne me reffusera pas ma demande parce qu'il connait parfaitement l'affaire et qu'il sait la part que mon mari y a pris et qu'elle ne peut que faire honneur à sa réputation et a sa conduite.

Salut et respect. »

A. n. F[7] 6232, n° 79.

119. De Becdelièvre de Bourmont au Ministre de la police générale.

Paris 28 Brumaire X (19 novembre 1801).

« Je ne puis vous voir depuis longtems, et cependant j'ai la chose la plus importante à vous demander. On attaque mon mari ! On l'attaque lorsqu'il est dans les fers et sans deffence, dans le point le plus sensible qui est l'honneur; et de la manière la plus cruelle et la plus fausse. Vous le savez, citoyen ministre, que l'accusation porté contre lui dans le journal du 15 brumaire est contre la vérité et je ne doute pas que vous n'ayez la bonté de m'aider et de m'autoriser à relever cette injustice. Depuis ce moment j'ai toujours espéré que vous auriez bien voulu me recevoir, n'ayant cessé de vous l'aller demander et j'aurai désiré que nous eussions causé de cette affaire ; mais puisque celles que vous avez eu ne vous l'ont pas permis, je réclame votre justice afin que je fasse insérer une note dans le journal officiel qui rétablisse la réputation du citoyen de Bourmont, mais comme je ne veux rien faire sans votre avœux ni qui puisse vous être desagréable, je vous la soumettrai !

Je suis dans votre antichambre, je vous apporte cette note pour vous la communiquer, si vous daigné me recevoir un moment. Si cela vous est impossible, veuillez me renvoyer la réponse ou me faire dire quelle heure je pourrai la venir chercher demain.

A mes vives sollicitations, je joins la lettre de M. de Bourmont dont vous avez sans doute déjà connaissance mais qui vous prouvera que mes demarches lui conviennent, sont justes.

Je ne veux m'adresser qu'a vous ! mais je vous supplie au nom de l'humanité de me répondre.

Salut et respect.

A. n. F[7] 6232, n° 77.

Je prie d'insérer dans le journal officiel que le citoyen Bourmont n'a aucune part directe ou indirecte à l'enlèvement du senateur Clement de Ris et que le citoyen Carlos Sourdat et le citoyen Bourmont ont rendu un service au gouvernement en travaillant efficacement à lui faire retrouver un de ses membres et que leur conduite est d'autant plus honorable dans cette affaire qu'elle n'avait d'autres motif que l'amour du bien et de l'ordre, que c'est à tort que le commissaire du gouvernement près le tribunal spécial de Maine-et-Loire a voulu elever un doute sur la conduite des citoyens Bourmont et Carlos Sourdat ou sur leur connivence avec les brigands. »

(De la main de Madame de Bourmont)

A. n. F^7 6232, n° 78.

120. De Becdelièvre de Bourmont au Ministre de la police générale.

Sans date. Paris, 9 nivôse X (30 décembre 1801).

« Citoyen ministre,

Vous aviez eu la bonté de donner l'ordre et de le signer pour que le domestique du citoyen de Bourmont pût aller et venir librement de la citadelle à la ville pour le servir et lui apporter les choses dont il a besoin. Veuillez bien renouveller l'ordre et le faire exécuter.

En marge : Ecrire au préfet du Doubs. F[ouché] (p).
Verifier si on a écrit. Dans ce cas rappeler la lettre. Recommander qu'on prenne les mesures nécessaires pour que cette faveur ne puisse compromettre la sûreté des détenus. »

A. n. F^7 6232, n° 73.

121. Ministre de la police générale au Préfet du Doubs.

Paris 9 Nivôse X (30 décembre 1801).

Accordant au domestique de Bourmont l'autorisation d'aller et de venir de la citadelle à la ville.

A. n. F^7 6232, n° 74.

122. Commandant d'armes au Préfet du Doubs.

Besançon 20 pluviôse X (9 février 1802).

Transmettant avis favorable du commandant de la citadelle pour accorder « aux Bourmonts mari et femme » des adoucissements à leur sort, en conciliant à la fois « le zèle pour nos devoirs et le respect dû au malheur. »

A. n. F^7 6232 n° 71.

123. Préfet du Doubs au Ministre de la police générale.

Besançon 21 pluviôse X (10 février 1802).

Madame Bourmont est de retour. Il a autorisé son entrée et sa sortie libre, l'entrée d'une femme de chambre et d'un professeur de mathématiques pour son mari.

A. n. F^7 6232 n° 70.

124. Prefet du Doubs au Ministre de la police générale.

Besançon, 2 Germinal X (23 mars 1802).

Transmettant une lettre de Bourmont à Madame Becdelièvre.
En marge : Lettre envoyée à son adresse.

A. n. F7 6232 n° 69.

125. Bourmont au grand juge.

Citadelle Besançon, 4 vendémiaire XI (27 septembre 1802).

Il demande sa liberté sous condition à La Seillerais pour voir son fils et rétablir sa santé. Il est prisonnier depuis vingt mois.

A. n. F7 6232, n° 60.

126. De Becdelièvre de Bourmont au grand juge.

Paris, 23 germinal XI (13 avril 1803).

« Citoyen grand juge,

La santé de mon mari étant en ce moment plus mauvaise par la rigueur de sa détention; les médecins jugent absolument nécessaire qu'il put respirer l'air. Cette considération impérieuse me fait avoir recours à Votre Excellence et aie l'honneur de la prier avec instance de vouloir bien acorder en attendant que le premier Consul ait statué sur son sort, qu'il lui soit permis de pouvoir, comme par le passé, de se promener dans la citadelle.

Je suis avec respect,

BECDELIÈVRE DE BOURMONT. »

(Non autographe, sauf la signature.)

(Décision) : En attendant qu'il soit statué sur son sort, qu'il lui soit permis de se promener dans la citadelle. »

A. n. F7 6232, n° 51.

127. De Becdelièvre de Bourmont au grand juge.

Paris, Hôtel des ministres, rue de l'Université, près la rue de Beaune, 29 germinal, XI (19 avril 1803).

Citoyen grand juge,

Permettez que j'ose vous demander si vous avez bien voulu écrire au cmdt (sic) de la citadelle de Besançon pour lui donner l'ordre d'accorder à M. de Bourmont tous les adoucissements qu'exige sa santé et qui peuvent améliorer sa malheureuse position?

Je supplie aussi Votre Exélence de faire parvenir au premier consul l'acçent de ma faible voix qui s'élève encore pour lui demander la liberté de mon mari: toutes les garentis lui sont offertes de la part de toute notre famille et de M. de Bourmont, elles sont appuyées de son intérêt personnel et des sentiments qu'il a toujours manifestés, si le premier consul lui en croit d'autres ce serait un malheur affreux qu'il ne pourrait détruire que quand il sera libre, car cette idée n'aurait pu être succitée au 1er consul que par la calomnie et le mensonge.

Nous attendons de lui le repos et la tranquillité.

Cette espérance m'a toujours soutenenue (sic) même dans mes longs malheurs! J'ai aussi celle, citoyen grand juge, que vous voudrez bien l'engager à la réaliser ou il me donnera le coup de la mort.

Le consul le Brun m'a promis de lui faire demain la même demande.

M. de Châtillon étant dangereusement malade depuis 8 jours ne peut aller recevoir la réponse que lui a promis le 1er consul. Veuillez donc, citoyen grand juge, au nom du désespoir qui m'accable demander vous même cette réponse d'ou dépend mon existence, celle de mes enfants, de mon mari.

La connaissance de vos vertus me donne la confiance que j'obtiendrai ce bien par vous. Notre reconnaissance n'aura de terme que la vie.

Je suis avec respect,

De Becdelièvre de Bourmont (p.). »

A. n., F7 6232, no 49.

128. De Becdelièvre de Bourmont au Grand Juge.

Paris, hôtel des ministres, 3 floréal XI (23 avril 1803).

« J'ai l'honneur de faire passer à Son Excellence une lettre de mon mari, que je la supplie de lire, et de vouloir bien m'accorder une audience particulière. Ma reconnaissance sera bien grande, elle peut en juger parce que la grâce que je lui demande sera une grande consolation à mes peines.

De Becdelièvre de Bourmont. »

A. n. F7 6232, no 48.

129. De Becdelièvre de Bourmont au Grand Juge.

Citadelle de Besançon, 6 vendémiaire XI (25 septembre 1802).

« Citoyen grand Juge,

Je me rendis l'année derniere à la citadelle de Besançon, aussitôt que j'eus obtenu, du ministre de la police, la permission de demeurer avec mon mari; j'y menai pour me servir un homme de confiance et une femme de chambre et j'obtins du Ministre de la police qu'ils pussent aller librement de la citadelle à la ville, pour y faire les emplettes dont nous avons journellement besoin. Ils ont joui de cette permission presque sans interruption, jusqu'à l'instant où la nouvelle de l'évasion des prisonniers du fort de Joux est parvenue à Besançon.

Depuis ce moment ils ont été consignés dans la citadelle quoiqu'ils ne soient soupçonnés en aucune façon, d'avoir favorisé l'évasion des prisonniers de Joux et qu'ils n'aient pas donné lieu à la plus légère plainte contre eux.

Usant du droit commun à tous les Français, mon homme de confiance et ma femme de chambre ont réclamé la liberté dont ils avaient joui, ils ont à cet effet présenté des pétitions au préfet du Doubs. — Ces pétitions leur ont été renvoyées par le Préfet, qui en même tems m'a fait dire : de former nous même, les demandes que nos domestiques auraient à faire; qu'il vous les ferait parvenir, citoyen grand juge, et qu'il attendrait vos ordres. Ce sera donc à vous de décider : si parce que deux prisonniers, ont recouvré leur liberté, les gens qui me servent doivent perdre la leur?

C'est avec confiance, citoyen grand juge, que je vous soumets cette question et que je demande : qu'il vous plaise ordonner que mon homme de confiance et ma femme de chambre ne soient plus consignes dans la citadelle de Besançon.

La santé de mon mari exigeant qu'il prenne des bains d'eau de riviere, je demande encore, citoyen grand juge, que vous veuillez autoriser le commandant de la citadelle à le faire conduire aux bains, après avoir pris les précautions qu'il jugera nécessaires.

Salut et respect.

DE BECDELIÈVRE DE BOURMONT. »

Attestation du commandant de la citadelle, Chéron.

A. n. F7 6232, n° 59.

130. Préfet du Doubs au Grand Juge en lui transmettant la lettre de Becdelièvre de Bourmont du 6 vendémiaire.

Besançon, 8 vendémiaire XI (27 septembre 1802).

« Je terminerai, citoyen ministre, en vous disant ce que j'ai dit plusieurs fois au Ministre de la police, le seul moyen de couper court à ces réclamations et d'éviter peut être les tentatives que ces prisonniers peuvent faire pour s'evader, c'est de faire executer la resolution qu'on a pu prendre à leur égard et dont ils paraissent avoir connaissance, ou de leur rendre la liberté si on croit pouvoir le faire sans danger, objet sur lequel je n'ai aucune donnée pour prononcer ni même pour former un avis. »

En marge : « C'est au commandant à se décider.

Bains de rivière en baignoire à la citadelle. »

A. n. F7 6232, n° 58.

131. Théodore Lameth président d'une des assemblées du Jura au Grand Juge.

Dôle, 7 floréal an XI (28 avril 1803).

Lettre en faveur de Mme de Bourmont : « qui me demande instament, de tâcher d'obtenir de voir son mari afin que je lui parle d'elle et de ses enfants et que je soutienne ses forces épuisés. Cette jeune infortunée, a vingt-deux ans, a déjà deux enfans, et est preste a donner le jour à un troisième; elle est mourante d'épuisement et de tristesse et ses vertus, comme ses malheurs m'inspirent le plus grand intérêt. »

A. n. F7 6232, n° 47.

132. Préfet du Doubs au Grand Juge.

Besançon, 8 fructidor an XI (27 août 1803).

« Le commandant de la citadelle de Besançon, par une lettre qui m'est parvenue hier, m'annonce que Madame Bourmont est entrée dans la place qu'il commande ayant avec elle trois de ses enfants et deux filles de soin; que cette dame n'ayant apporté du gouvernement aucun ordre sur la manière particulière dont elle doit être traitée, il a cru devoir lui interdire ainsi qu'à sa suite la sortie de la citadelle; qu'en conséquence Mme Bourmont partage l'appartement et la captivité de son mari. Il ajoute qu'au moyen des mesures qu'il a prises pour le placement de cette famille, il ôse garantir la sûreté des prisonniers d'Etat, regardant cette famille comme un ôtage qui lui assure qu'ils ne lui seront point enlevés et qu'ils ne tenteront pas de s'évader. »

Craignant les entrées et sorties, il demande avis.

En marge : Ne laisser ni Mme Bourmont ni personne dans la citadelle, mais lui donner la faculté de voir son mari en prenant les précautions convenables.

A. n. F7 6232, no 46.

133. Note sur les lettres du commandant Chéron et du préfet du Doubs relativement à la situation de Mme de Bourmont à la citadelle.

En marge : « La laisser dans la citadelle avec ses [trois] enfants ».

A. n. F7 6232, no 39.

134. Bourmont au Grand juge.

Citadelle de Besançon, 22 frimaire an XII. (15 decembre 1803.)

« En vertu des ordres adressés au préfet du Doubs, mon épouse vient de recevoir celui de quitter la citadelle de Besançon.

Les rapports qui vous sont parvenus, sur de prétendues communications de Madame de Bourmont avec un individu suspect au gouvernement sont faux. Votre Excellence en sera convaincue aussitôt qu'elle voudra s'enquerir de quelle manière Madame de Bourmont est traitée ici et qu'elle aura connaissance des consignes sous lesquelles je vis avec ma famille ; ma femme et mes trois enfans ne sortent pas plus que moi de ma prison. J'invoque, à l'appui de cette assertion, le témoignage des autorités civiles et militaires de Besançon.

Madame de Bourmont retenue au lit par une maladie grave n'a pu être encore transportée hors de la citadelle et la perspective de notre prochaine séparation ne peut que rendre son état plus dangereux. Me serois je trop flatté, Citoyen grand juge, en espérant que vous permettrés à ma femme et à mes enfans de partager encore ma prison, que les droits les plus sacrés, les liens les plus respectables ne seront pas méprisés? qu'une calomnie n'arrachera pas de mes bras l'épouse qui donne un grand exemple de vertu?

J'ai l'honneur de vous saluer avec respect.

BOURMONT. »

A. n. F7 6232, no 36.

135. De Becdelièvre de Bourmont à La Roche Saint-André.

Citadelle de Besançon, 22 frimaire an XII. (15 decembre 1803.)

« J'étais loin de prévoir le nouveau coup qui m'accable, cher oncle, je suis bien malade depuis deux jours et je profite d'un instant d'intervale pour vous dire ce qui nous est arrivé, on est venu avant-hier faire une visite de nos papiers en disant que c'était par ordre du grand juge et d'après un raport qui lui avait été fait que j'avais vu dans la citadelle un individu suspect. On a (sic) rien trouvé dans nos papiers qui pût nuire au gouvernement ni appuyer cette accusation calomnieuse. Cependant on est venu me signifier hier au soir (egalement par les ordres du grand juge) que j'eus à quitter la citadelle avec mes enfans et leur bonne, en un mot on veut m'arracher des bras de mon mari, seule consolation qui me reste! Cette nouvelle m'a causé une violente secousse d'autant plus dangereuse que depuis quelque jours j'avais commencé à sevrer mon fils, les médecins assurent qu'il y aurait à craindre pour ma vie, si on me transportait en cet état, j'ai passé une nuit affreuse, des vomissements presque continuels et je ne puis sortir de mon lit. Je vous supplie donc, cher oncle, de faire tout ce qui dépendra de vous auprès du grand juge pour le prier de révoquer l'ordre qui doit me séparer ainsi que mes enfants de mon mari et m'enlever presque mourante de ses bras!

Vous pourriez representer au grand juge que ma présence dans la prison de mon mari loin de nuire à sa sureté, en répond puisque M. de Bourmont ne pourrait songer à s'évader en me laissant dans sa prison avec ses enfants.

L'accusation d'avoir causé avec un individu suspect depuis mon retour auprès de mon mari est absurde puisqu'il n'entre personne dans la citadelle sans la permission du commandant et que ni moi ni les bonnes de nos enfants ne peuvent en sortir, et que je suis ici sous les mêmes consignes et la même garde que M. de Bourmont, qu'il ne voit absolument personne et qu'il lui est impossible ainsi qu'à moi de parler à qui que ce soit. Et quelle apparence que du fonds de notre prison nous puissions dire ou écrire ou faire quelque chose de dangereux pour le gouvernement?

Du reste se sont les autorités locales qu'on doit consulte[r] et interroge[r] pour s'assurer de la vérité du délit dont on m'accuse.

Adieu, cher oncle, je me confis à votre amitié pour faire les démarches que vous croirez nécessaires pour me rendre la satisfaction dont je jouissais en partageant le sort de mon mari et du tendre père de mes enfants. Il ne me reste que la force de vous assurer de ma tendre amitié et des sentiments de mon mari, les miens dureront autant que mon existence.

De Becdelièvre de Bourmont.

Recevez les caresses de nos petits enfants.

Si vous ne pouviez voir le grand juge, vous pourriez peut-être lui faire parler par quelqu'un de votre connaissance.

A. n. F[7] 6232, n° 35 *bis*.

136. La Roche Saint-André au grand juge.

Rue du Marché d'Aguesseau 1276. 26 frimaire an XII (19 décembre 1803).

« Je vous supplie de vouloir bien lire la lettre que j'ai l'honneur de vous adresser, je n'ai personnellement aucun titre auprès de votre Excellence, mais votre âme n'est pas insensible à la voix du malheur, je le sais, et vous ne refuserés pas à une femme infortunée la seule grace à laquelle elle ose prétendre, celle d'adoucir le sort de son mari en partageant ses fers.

Veuillez, citoyen grand juge, recevoir l'hommage de mon profond respect.

La Roche Saint-Andre (p.).

A. n. F[7] 6232, n° 35.

137. Charreron, membre du tribunal, au grand juge.

Lui recommandant Madame Bourmont.

A. n. F[7] 6232, n° 34.

138. Préfet du Doubs au Grand Juge.

Besançon, 10 messidor an XII (29 juin 1804).

Annonçant départ de Madame Bourmont, « qui est ici depuis environ dix mois », pour Paris en « voiture particulière conduite par des chevaux de poste » avec ses enfants et une femme de chambre.

A. n. F^7 6232, nº 33.

139. Préfet du Doubs au Grand Juge, ministre de la justice.

Besançon, 20 messidor an XII (9 juillet 1804).

Monseigneur,

J'apprends que Mme Bourmont qui depuis trois ans est demeurée avec son mary dans la citadelle de cette ville et qui etait partie pour Paris le 10 de ce mois a l'effet de solliciter son élargissement a fait une fausse couche en route et qu'elle se trouve sans secours dans un état dont sa santé délicate augmente beaucoup les risques je sais aussi que M. Bourmont vous a desuite écrit pour vous faire part de cet accident et réclamer l'autorisation d'aller vers son epouse lui donner les soins que son état éxige.

Je ne sais jusqu'a quel point Votre Excellence pourra prendre en considération la demande de ce prisonnier; mais le commandant ne dissimule pas que les inquiétudes qu'il témoigne a cette occasion sont de nature a devenir préjudiciables à sa santé. De mon coté, Monseigneur, j'ajouterai que la manière d'être de M. Bourmont depuis son arrivée a la citadelle de Besançon me porte à penser qu'il n'abuserait pas de la confiance que l'on pourrait accorder aux promesses qu'il fait de se réintégrer en prison dans le delai qui lui serait indiqué. C'est d'après cette opinion que j'ai cru devoir aider au sentiment d'humanité que doit inspirer la situation facheuse de Mme Bourmont, en adressant cette lettre à votre excellence.

J'ai l'honneur de vous presenter l'hommage de mon respect.

J. Debry.

[En marge :] Faire une note sur cette demande.

A. n. F^7 6232, nº 32.

140. Note pour Son Excellence le ministre de la Police générale.

« Mme de Bourmont est partie le 10 de Besançon pour Paris. Elle a fait en route une fausse couche ; il paraît qu'elle se trouve sans secours et que sa santé délicate peut faire craindre pour ses jours. Son mari réclame l'autorisation d'aller donner à son épouse les soins qu'exige son état. Il promet de se reintégrer en prison dans le délai qui lui sera fixé. Le préfet du département du Doubs en transmettant cette demande annonce que le commandant de la citadelle de Besançon où le sieur Bourmont est détenu craint que les inquiétudes qu'il éprouve ne deviennent préjudiciables à sa santé. »

[En marge :] Rien à faire.

A. n. F^7 6232, nº 31.

141. Le premier inspecteur général de la gendarmerie au ministre de la Police générale, sur l'évasion de Bourmont.

Paris, 19 thermidor XII. (8 août 1804.)

« Mme Bourmont loge à Paris, hôtel d'Irlande, faubourg Saint-Germain. »

A. n. F7 6232, no 208.

142. Note du ministre de la Police générale pour le préfet de police.

Paris, 20 thermidor XII. (9 août 1804.)

« Mme Bourmont correspondait avec son mari qui paraît lui être fort attaché ainsi qu'à ses enfants. »
La surveiller avec soin.

A. n. F7 6232, no 207.

143. Préfet de Maine et Loire à Ier arrondissement de la Police générale.

Angers, 28 thermidor XII. (17 août 1804.)

Sucheret, fondé de pouvoir de Bourmont à Candé, a remis l'hiver dernier une pièce de canon, enfouie pendant la guerre.
Mme de Bourmont, ses enfants et son frère, arrivés à Angers le 23, sont repartis le lendemain matin pour la Loire Inférieure.

A. n. F7 6232, no 168.

144. Préfet du Doubs à Ier arrondissement de la Police générale.

Besançon, 29 thermidor XII.

« Monsieur le conseiller d'Etat, Je vous ai fait part dans ma lettre du 26 de ce mois de l'intention que j'avois de faire venir à Besançon et interroger une fille qui avoit servi Mme Bourmont en qualité de bonne d'enfant lorsqu'elle vint s'établir à la citadelle dans l'appartement de son mary et qui sur ma demande avait été renvoyée par mesure de précaution. Il résulte des renseignements que j'ai fait prendre sur cette fille nommée Marie Nardin qu'à sa sortie de la citadelle, elle est entrée au service d'un particulier de cette ville, puis retournée chez une sœur résidant à Buffart, commune des environs; qu'enfin elle a été reprise par Mme Bourmont, lorsque celle ci partit elle même de la citadelle au commencement de messidor dernier, annonçant l'intention d'aller à Paris solliciter l'élargissement de son mari.
Le frère de cette fille de qui je tiens ces détails et qui est attaché à la maison de M. l'archevêque en qualité de cocher, m'a déclaré que sa sœur en partant avec Mme Bourmont lui avait annoncé qu'elle se rendait à Nantes où sa maîtresse était appelée pour les partages de la succession de sa mère, Mme Becdelièvre...

Signé : J. de Bry. »

A. n. F7 6232, no 166.

145. Préfet de l'Yonne à IIᵉ arrondissement Police générale.

Auxerre, 29 thermidor XII. (18 août 1804.)

La dame Bourmont est restée malade dans cette ville du 12 au 21 messidor d'où elle est partie pour Paris.

A. n. F7 6232, nº 167.

146. Préfet du Doubs à IIᵉ arrondissement Police générale.

Besançon, 29 thermidor XII (7 août 1804).

Renseignements de Marie Nardin, bonne d'enfants, sur sa maîtresse.

A. n. F7 6232, nº 166.

147. Note du Préfet de police.

Paris, 30 thermidor XII.

Il annonce que Mme Bourmont est partie le 21 en poste avec son frère.

A. n. F7 6232, nº 307.

148. Préfet de la Loire-Inférieure à IIᵉ arrondissement.

Nantes, 30 thermidor XII (18 août 1804).

Mme Bourmont est arrivée à La Seillerais. Il fait prendre son passeport.

A. n. F7 6232, nº 308.

149. Préfet du Doubs à IIᵉ arrondissement de la Police générale.

Besançon, 1er fructidor XII (19 août 1804).

Il signale les rapports de Mme Bourmont avec les dames Piépape, Terrier et Ligneville à Besançon.

Le domestique de Bourmont n'a pas reparu.

A. n. F7 6232, nº 160.

150. Premier inspecteur général de la gendarmerie au ministre Police générale.

Paris, 2 fructidor XII (20 août 1804).

Il signale le voyage de Mme Bourmont et de son frère Becdelièvre qui sont passés le 23 thermidor à Angers venant d'Orléans et sont partis le 24 pour la Seillerais.

A. n. F⁷ 6232, n° 158.

151. P. Division de sûreté générale à Ier arrondissement.

Paris, 3 fructidor XII (21 août 1804).

Mme Bourmont, trois enfants, deux femmes de charge et son frère, sont partis de Paris en poste le 21 thermidor, à 2 heures après midi, pour Nantes, dit-elle.

A. n. F⁷ 6232, n° 306.

152. IIe arrondissement à IVe arrondissement.

Paris, 4 fructidor XII (22 août 1804).

« D'après ce que mande le préfet de l'Yonne, Mme Bourmont, qui s'étoit arrêtée à Auxerre le 12 messidor, en est partie le 21 pour se rendre à Paris. Elle a été suivie par une dame qui s'est dite sa femme de chambre [1] et qui est arrivée de Besançon à Auxerre le lendemain du départ de sa maîtresse. »

A. n. F⁷ 6232, n° 305.

153. Division de sûreté générale à Ier arrondissement.

Paris, 5 fructidor XII (23 août 1804).

Sur les voyages et les passeports de Becdelièvre.

A. n. F⁷ 6232, n° 304.

154. Premier inspecteur général de gendarmerie à ministre de la police générale.

Paris, 10 fructidor an XII (29 août 1804).

Bourmont est arrivé à Angers avec sa femme. Le directeur des postes de Suet l'a reconnu le 23 dans cette localité.

En marge : Il y a lieu de croire que c'est Mr Becdelièvre qu'on a pris pour Bourmont.

A. n. F⁷ 6232, n° 146.

1. Marie Nardin, voir plus haut n° 144, et plus bas n° 155.

155. IIe arrondissement de la police générale à Ier arrondissement de la police générale.

Paris, le 10 fructidor an XII (29 août 1804).

« J'ai l'honneur de vous prévenir, Monsieur et cher collègue, qu'il résulte d'une lettre que m'a adressée le préfet du département du Doubs, le 29 thermidor dernier que Marie *Nardin* attachée précédemment à Mme *Bourmont*, en qualité de bonne d'enfans, et que cette dernière a reprise à son service, lors de son départ de la citadelle de Besançon au commencement de messidor dernier, a annoncé à son frère, cocher de M. l'Archevêque, qu'elle se rendait à Nantes où sa maîtresse était appelée pour les partages de la succession de sa mère, Madame Becdelievre.

Mme Bourmont, lors de son départ de la citadelle, ayant annoncé le projet de se rendre à Paris, pour y solliciter l'élargissement de son mari : j'ai pensé que cette variation dans le choix de sa résidence, éxigeait que je vous en donnasse avis.

Vous ferés Monsieur et cher collègue, de ce renseignement l'usage que vous jugerez convenable.

Recevez Monsieur et cher collègue l'assurance de mes sentiments affectueux. »

A. n. F7 6232, no 145.

156. Ier arrondissement au préfet du Loiret.

Paris, 10 fructidor an XII (29 août 1804).

Lui demande d'informer sur la délivrance d'un passeport à Becdelièvre.

A. n. F7 6232, no 303.

157. Ier arrondissement au préfet de la Loire-Inférieure et au commissaire général de Nantes.

Paris, 10 fructidor an XII (29 août 1804).

Même objet que le précédent.

A. n. F7 6232, no 303.

158. Préfet du Loiret à Ier arrondissement.

Orléans, 16 fructidor an XII (2 septembre 1804).

Un seul passeport a été délivré le 8 prairial dernier à Dame Tancarville, née Marie-Henriette Becdelièvre.

L'aurait-on surchargé ?

Il est facile de s'en assurer.

A. n. F7 6232, no 302.

159. Commissaire général police de Nantes à Ier arrondissement.

Nantes, 16 fructidor an XII (3 septembre 1804).

Rien découvert pour Bourmont.
Le passeport Becdelièvre est, dit-on, régulier et délivré de Carquefou pour aller à Paris et en revenir.

A. n. F[7] 6232, n° 301.

160. Préfet de la Loire-Inférieure à Ier arrondissement.

Nantes, 17 fructidor an XII (4 septembre 1804).

Le passeport de Madame Bourmont est bon.
Celui de Becdelièvre est aussi bon, mais néanmoins il a été mis en surveillance.

A. n. F[7] 6232, n° 300.

161. Préfet de la Sarthe à Ier arrondissement.

Le Mans, 23 fructidor an XII (10 septembre 1804).

On n'a pas revu Bourmont, mais seulement sa femme et son beau-frère.

A. n. F[7] 6232, n° 299.

162. Note et résumé de l'affaire Becdelièvre.

Proposition : Classer.

A. n. F[7] 6232, n° 298.

163. Préfet de la Loire-Inférieure à Ier arrondissement.

Nantes, 9 frimaire an XIII (1er décembre 1804).

Il a fait connaître à Madame Bourmont le refus de lever le séquestre avant que son mari ne soit à Lisbonne.
A elle délivré passeport pour lui et donné vingt jours à Bourmont pour quitter les terres de l'Empire en passant par Perpignan.

A. n. F[7] 6232, n° 297.

164. Louis-Marie-Christophe Becdelièvre au ministre police générale.

La Seillerais, 3 nivôse an XIII (25 décembre 1804).

Pour faire lever sa surveillance.

A. n. F[7] 6232. n° 296.

165. Rapport au ministre de la police générale sur lettre Becdelièvre. 3 nivôse.

Paris, 21 nivôse an XIII (11 janvier 1805).

Décision : « Lever la surveillance. »

A. n. F7 6232, n° 295.

166. Grand Juge au préfet de la Loire-Inférieure.

Paris, 25 nivôse an XIII (16 janvier 1805).

Lever la surveillance de Becdelièvre.

A. n. F7 6232, n° 294.

167. De Becdelièvre de Bourmont au Ministre de la police générale.

La Seillerais, 4 vendémiaire [I Empire] (26 septembre 1804).

Elle demande un passe port pour Paris.

A. n. F7 6232 n° 293.

168. De Becdelièvre de Bourmont au Préfet de la Loire-Inférieure.

La Seillerais 4 vendémiaire I de l'Empire (26 septembre 1804).

« Monsieur le Préfet,

Je viens d'écrire au Ministre, et de lui envoyer la pétition dont j'ai l'honneur de vous adresser un double. Connaissant votre désir d'obliger, lorsque céla ne contrarie point les interets du gouvernement et ne peut lui nuire; je m'adresse à vous avec confiance et vous prie d'avoir la bonté de faire parvenir ma demande au Ministre, elle sera mieux accueillit par votre organe; de l'appuyer et d'en demander la réponse.

Je serai infiniment reconnaissante si vous voulez bien prendre cette peine et vous supplíe d'agréer d'avance tout mes remerciments.

J'ai l'honneur d'être,
Monsieur le Préfet,
Votre très humble et très obéissante servante,

DE BECDELIÈVRE DE BOURMONT. »

A. n. F7 6232 n° 292.

169. Préfet de la Loire-Inférieure à Ier arrondissement.

Nantes 5 vendémiaire XIII (27 septembre 1804).

Transmettant la pétition de Becdelièvre de Bourmont pour passeport.
On croit son mari caché dans les environs de la Seillerais et qu'il y vient pendant la nuit. On surveille.
Si elle va à Paris, on pourra moins facilement surveiller ; et elle pourra plus facilement cacher son mari.

En marge : Ajourner le passeport.

A. n. F7 6232 no 291.

170. Sûreté au Préfet de la Loire-Inférieure.

Paris 28 vendémiaire XIII (20 octobre 1804).

La levée du séquestre demandée par Madame Bourmont n'aura lieu que quand son mari sera arrivé aux Etats-Unis d'Amérique.

A. n. F7 6232 no 289.

171. De Becdelièvre de Bourmont au Préfet de la Loire-Inférieure.

Nantes, 8 brumaire XIII (31 octobre 1804).

« Monsieur le Préfet,

Je viens de recevoir la lettre par laquelle vous m'annoncez la volonté du Gouvernement, pour ce qui concerne Mr de Bourmont ; je pense, qu'aussitôt qu'il aura connaissance de cette volonté il s'y soumettra. Mais pour qu'il puisse remplir les intentions du gouvernement, il est nécessaire que le ministre veuille bien :

1o Indiquer le lieu où Mr de Bourmont s'embarquera. Nantes semblerait être celui qui offre le plus de facilité pour trouver des bâtiments neutres ;

2o Qu'il lui donne le moyen de s'y rendre, soit en lui délivrant des passeports qu'il m'envoyerait pour les lui faire parvenir, soit en écrivant une lettre signée du ministre qui lui serve de sauf conduit pour prendre ses passeports et faire cesser toutes les recherches de la police à son égard ;

3o Le ministre voudra bien ordonner la levée des séquestres de suite parce que Mr de Bourmont ne peut pas partir sans un sol.

Veuillez, Monsieur le Préfet, avoir la bonté de présenter ma demande au ministre de la police générale de l'Empire et aussitôt qu'il aura répondu Mr de Bourmont se conformera aux ordres du Gouvernement.

J'ai l'honneur d'être,
Monsieur le Préfet,
Votre très humble et très obéissante servante,

de Becdelièvre de Bourmont. »

A. n. F7 6232 no 288.

172. Préfet Loire-Inférieure à Ier arrondissement.

Nantes 8 brumaire XIII. (31 octobre 1804.)

Il accuse réception de la lettre du 28 vendémiaire et envoye la réponse de Madame Bourmont.

A. n. F[7] 6232 n° 287.

173. Rapport du Ier arrondissement au Ministre.

Paris 18 brumaire XIII. (9 novembre 1804.

Sur les demandes de la femme de Bourmont et le départ de Bourmont pour l'Amérique, réglant les conditions.

A. n. F[7] 6232 n° 286.

174. Louis Marie Christophe de Becdelièvre au ministre de la police générale.

La Seillerais, 22 brumaire XIII. (13 novembre 1804.)

Il demande la levée de sa surveillance.

A. n. F[7] 6232 n° 284.

175. De Becdelièvre de Bourmont au Ministre de la Police générale.

Nantes, 28 brumaire XIII. (19 novembre 1804.)

« Prête à suivre M. de Bourmont partout et à obéïr aux ordres du Gouvernement, je vous supplie de considérer combien il serait douloureux pour une mere de voir réduit à la plus affreuse misère celui à qui elle a attaché sa destinée et trois petits enfants fruits de leur tendresse! Votre cœur sensible et généreux qui connais (sic) les sentiments et d'epoux et de pere et qui tant de fois s'est attendrit a cet aspect touchant et a celui du malheur! ne voudrait pas refuser à une mère infortunée les secours indispensables pour un aussi long voyage que celui que M. de Bourmont va entreprendre.

Je connais assé le cœur de Son Excellence a qui je me confie pour espérer de son humanité et de sa justice qu'il voudra bien accorder la levée du séquestre ou les moyens qu'il me serait impossible de trouver pour subvenir aux premiers besoins de la vie.

J'ai l'honneur d'être avec respect,
Monseigneur,
Votre très humble et très obéissante servante. »

A. n. F[7] 6232, n° 282.

176. De Becdelièvre de Bourmont au Préfet de la Loire-Inférieure.

Nantes, 28 brumaire XIII. (19 novembre 1804.)

« La soumission que M. de Bourmont a toujours montré au Gouvernement, ne me laisse pas de doute qu'il n'obéisse à l'ordre dont vous voulez bien me faire part, quelque rigoureux et pénible qu'il soit. Je vous prie, M. le Préfet, de vouloir bien demander à Son Excellence le Ministre de la police générale de l'Empire le sauf conduit pour M. de Bourmont, en le priant de laisser en blanc le nom du port que vous voudriez bien remplir lorsque je saurai le choix que M. de Bourmont aura fait :

Je suis décidée à le suivre avec nos trois petits enfants et j'ose espérer de la bienveillance et de la justice du gouvernement qu'il voudra bien lui donner les moyens de faire le voyage, en nous accordant la levée du séquestre ou en permettant que nous touchions une somme sur les biens de M. de Bourmont : Une épouse et une mere ne peut se resoudre a envisager la misère, a mille lieues de son pays pour ce qu'elle a de plus cher au monde! et notre famille elle meme épuisée ne peut nous offrir aucune ressource dans cette circonstance.

En demandant le reste de la fortune de M. de Bourmont dont Son Excellence connaît la modicité et les charges dont elle est grevée, ce n'est absolument que le stricte nécessaire que je reclame et je me confie pour l'obtenir à l'humanité et à la grandeur du gouvernement.

Veuillez je vous prie, M. le Préfet, agreer les sentiments avec lesquels j'ai l'honneur d'être

Votre très humble et
obéissante servante.

A. n. F7 6232, n° 281.

177. Préfet de la Loire-Inférieure à Ier arrondissement.

Nantes, 28 brumaire XIII. (19 novembre 1804.)

Il accuse réception de la lettre du 23 brumaire. Il a communiqué les ordres à Madame de Bourmont, et transmet sa réponse et sa lettre au ministre.

A. n. F7 6232 n° 280.

178. Ier arrondissement au Ministre de la police générale.

Paris 2 frimaire XIII. (23 novembre 1804.)

Rapport sur la réclamation de Madame de Bourmont pour toucher une somme quelconque sur les biens de son mari.

En marge : « Quand il sera à Lisbonne, on lèvera le séquestre. »

A. n. F7 6232 n° 279.

179. Préfet de la Loire-Inférieure au Ministre de la police générale.

Nantes 8 frimaire XIII. (29 novembre 1804.)

Conformément à la lettre du 28 dernier, il a délivré un passeport à la dame Bourmont pour son mari pour se rendre à Lisbonne par Perpignan.

A. n. F[7] 6232 n° 277.

180. De Becdelièvre de Bourmont au préfet de la Loire-Inférieure.

Nantes, 23 ventôse XIII.

« M. de Bourmont me mande par une lettre dattée de Lisbonne du 15 février; qu'il m'envoye un paquet contenant un certificat de sa présence dans cette ville que lui a donné notre ambassadeur près cette Cour et une lettre pour vous, Monsieur; ne l'ayant point encore reçu, je crains qu'il se trouve perdu.

J'ai donc l'honneur de vous adresser la copie d'une lettre écrite à M. de La Ville, negotiant à Nantes, qui constate l'arrivée de M. de Bourmont à Lisbonne; cette lettre est légalisée par M. le maire, je vous prie d'avoir la bonté de légaliser ces deux signatures par la vôtre et de vouloir bien envoyer le tout au ministre; j'ose espérer de la bienveillance et de la justice du gouvernement, que d'après cette pièce il m'accordera la levée du séquestre dont un retard plus long causerait un grand préjudice à nos affaires et je crois que le gouvernement n'a point cette intention.

Connaissant votre disposition pour le bien, je m'adresse à vous avec confiance, espérant que vous ne me reffuserez pas le service que j'ai l'honneur de vous demander. J'ai celui d'être avec respect,

Monsieur le préfet,

Votre très humble et très
obéissante servante. »

A. n. F[7] 6232, n° 265.

181. Préfet de la Loire-Inférieure à Ier arrondissement.

Nantes, 25 ventôse XIII (24 février 1805).

Il transmet une lettre de Madame de Bourmont et copie d'une lettre de Lefèvre Roussac et Compagnie, de Lisbonne.

Il pense que le certificat de l'ambassadeur à Lisbonne est nécessaire pour lever le séquestre, et qu'il faudrait assujettir Bourmont à cette formalité, mensuelle ou trimestrielle.

A. n. F[7] 6232 n° 263.

182. De Becdelièvre de Bourmont au préfet de la Loire-Inférieure.

La Seillerais, 3 germinal XIII (24 mars 1805.

« M. le Préfet, j'ai l'honneur de vous adresser une lettre de M. de Bourmont que je viens de recevoir, avec le certificat qu'elle renferme de son arrivée à Lisbonne; veuillez avoir la bonté de le faire passer au Ministre en y joignant ma demande pour la levée du séquestre que j'espère obtenir de la bienveillance et de la fidélité du gouvernement à tenir ses promesses. Il peut être persuadé de ma reconnaissance, je vous prie de croire à celle avec laquelle j'ai l'honneur d'être,

Monsieur le préfet,
Votre très humble servante,

DE BECDELIÈVRE DE BOURMONT.

Seriez-vous assés bon pour donner connaissance à M. le préfet de Maine-et-Loire de l'arrivée de ces papiers. Je vous en aurai la plus grande obligation.

Désirant avoir copie du certificat du général Serurier, je vous prie, M. le préfet, d'avoir la bonté de m'en faire faire une légalisée et certifiée que j'aurai l'honneur d'envoyer prendre chez vous. »

A. n. F⁷ 6232, n° 259.

183. Préfet de la Loire-Inférieure à Ier arrondissement.

Nantes, 4 germinal XIII.

Il transmet une lettre de Mr et de Madame de Bourmont et le certificat du général Serurier.

En marge : « Ajourné. 15 germinal XIII.

Faire une note pour le Bulletin, exposer la décision precedemment prise, l'envoi du certificat et finir par demander à Sa Majesté si on doit lever le séquestre de suite ou attendre que Bourmont soit rendu aux Etats-Unis et qu'il en ait justifié. »

A. n. F⁷ 6232 n° 258.

184. De Becdelièvre de Bourmont au Commandant de la citadelle de Besançon.

La Seillerais, 18 germinal XIII (8 avril 1805).

« Sachant, Monsieur, que vous êtes actuellement commandant de la citadelle et votre réputation étant parvenue jusqu'à moi, j'ai conçu l'idée de m'adresser à vous pour savoir quel est le moyen que je dois prendre pour réclamer les meubles et effets que Mr de Bourmont et moi avons laissés dans la citadelle. Il est rendu à Lisbonne et le Gouvernement n'a point l'intention de lui refuser ces objets ni de lui enlever ce qui lui appartient. Je suis bien persuadée, Monsieur le commandant, que je n'éprouverai de votre part aucun obstacle, les âmes honnêtes et sensibles sont toujours heureuses de trouver l'occasion de rendre justice et je sais que vous réunissez ce mérite à beaucoup d'autres. Il me sera doux de vous devoir de la reconnaissance.

J'ai l'honneur d'être, Monsieur le commandant, votre très humble et obéissante servante.

Signé : DE BECDELIÈVRE DE BOURMONT.

P. S. Je vous prie, Monsieur le commandant, d'avoir la bonté de me répondre hôtel Becdelièvre, rue Bossuet, à Nantes, Loire-Inférieure, et si vous le préférez sous le couvert de Madame de Vezins. »

Copie envoyée le 5 floréal au IIe arrondissement de la police générale par le préfet du Doubs.

A. n. F⁷ 6232 n° 799.

185. Préfet de la Loire-Inférieure à Ier arrondissement.

Nantes, 4 floréal XIII (24 avril 1805).

Madame de Bourmont demande des passeports pour Paris et la levée du séquestre.

A. n. F7 6232 n° 256.

186. Ier arrondissement au Ministre de la police générale.

Paris, 13 floréal XIII (3 mai 1805).

Rapport sur la demande de Madame de Bourmont de passeports pour Paris.

En marge : « Approuvé. »

A. n. F7 6232 n° 255.

187. Ier arrondissement au Préfet de police.

Paris, 15 floréal XIII (5 mai 1805).

Placer en surveillance Madame de Bourmont, femme de l'ancien chef de Chouans, autorisée à venir à Paris.

A. n. F7 6232 n° 254.

188. Préfet de Maine-et-Loire à Ier arrondissement.

Angers, 20 floréal XIII (10 mai 1805).

Madame Bourmont demande levée du séquestre.

A. n. F7 6232 n° 253.

189. Ier arrondissement au Préfet de Maine-et-Loire.

Paris, 27 floréal XIII.

La levée du séquestre a été ajournée le 15 germinal dernier. Madame Bourmont a de nouveau demandé sa levée. Sa demande est sous les yeux de Sa Majesté.

A. n. F7 6232 n° 252.

190. De Becdelièvre de Bourmont à Sa Majesté Impériale et Royale.

Paris, hôtel d'Irlande, rue de Baune faubourg Saint-Germain, 30 frimaire (XIII) (29 décembre 1804).

« Sire,

Le respect que je porte aux ordres et aux décrets de Votre Majesté me fait une loi de m'y soumettre sans murmurer quoique mon bonheur et mes intérêts en dépendent; Son Excellence le ministre de la police générale dit se conformer à vos ordres, Sire, en me refusant la levée des sequestres apposés sur les biens de mon mari, avant qu'il soit rendu dans les Etats-Unis d'Amérique: non: je ne puis le croire que ce soit votre dernière décision; connaissant votre bonté infinie et combien le malheur trouve d'appuy près de Vous — Je suis épouse et mère de trois enfants qui tous; Vous tendent les bras en Vous suppliant; sinon de leur accorder leur père, au moins de lui donner les moyens ainsi qu'à sa famille d'exécuter vos volontés en faisant lever le séquestre mis sur leurs biens; on m'avait promis que cela aurait été effectué aussitôt l'arrivée de M. de Bourmont en Portugal. Mon espoir a été trompé. Jettez donc sur nous, je vous en conjure, Sire, un œil favorable, j'attend tout de votre magnanimité. Votre grandeur d'âme sera pour ma famille son appuy et son sauveur; j'attend avec assurance votre décission qui peut rendre à mon cœur le calme et le bonheur! et je vous prie de recevoir avec bonté l'hommage du profond respect avec lequel je suis,

Sire,

De Votre Majesté Impériale et Royale,

La très humble et obéissante servante.

Si Sa Majesté daignait permettre et ordonner que M. de Bourmont restât en Portugal, elle n'aurait jamais lieu de s'en repentir et elle adoucirait le sort de sa malheureuse femme en exitant toute sa reconnaissance. »

A. n. F^7 6232, n° 251.

191. De Becdelièvre de Bourmont au ministre de la police générale.

Paris, 27 messidor XIII [I de l'Empire] (16 juillet 1805).

« Je vous prie en grâce de vouloir bien faire vérifier comme vous avez eu la bonté de me le promettre dans l'audience que vous m'avez accordée; si l'arrêté qui exile mon mari ne porte pas que les séquestres apposés sur les biens doivent être levés aussitôt son arrivée à Lisbonne. S'étant conformé à cette loi, ainsi que nous en avons fourni les preuves légalles, je demande à Votre Excellence qu'il lui plaise ordonner la levée de ce séquestre.

Si il y a autre chose relatif à mon mari, je supplie Son Excellence de m'en donner connaissance et je me confie dans sa bonté pour adoucir mes malheurs.

Je suis avec respect,

Monseigneur,

Etc. »

A. n. F^7 6232, n° 249.

192. De Becdelièvre de Bourmont à Sa Majesté impériale et royale.

Paris, hôtel d'Irlande, rue de Beaune, 1er thermidor XIII (20 juillet 1805).

« Sire,

M. de Bourmont s'est rendu à Lisbonne, pour se conformer aux ordres du

Gouvernement, avec toute la promptitude que lui inspirait le désir de montrer sa soumission aux volontés qui lui avaient été exprimées.

Les séquestres apposés sur les biens de mon mari avaient dûs être levés aussitôt qu'il aurait fourni une preuve légalle de son arrivée à Lisbonne. Le chargé d'affaire Serrurrier a annoncé au préfet du département de la Loire-Inférieure que M. de Bourmont était arrivé au lieu de sa destination le 18 pluviôse an XIII. Depuis je n'ai cessé de réclamer la levée des séquestres qui devaient nous être accordée aux termes de l'arrêté même qui éxile mon mari.

J'ai demandé en vain cette justice qui m'était promise. C'est à Votre Majesté que j'ose m'adresser pour l'obtenir. Si elle daigne me l'accorder, je la recevrai comme une grâce.

Je suis avec un profond respect,

Sire,

De Votre Majesté Impériale et Royale,

la très humble et très obéissante

servante. »

A. n. F^7 6232, n° 246.

193. Note sur la lettre de Madame de Bourmont à Sa Majesté.

Paris, 5 thermidor XIII (25 juillet 1805).

En marge : « Renvoyer au ministre de la police par ordre de Sa Majesté.»

« Classer. »

A. n. F^7 6232 n° 245.

194. De Becdelièvre de Bourmont à Sa Majesté Impériale et Royale.

Sans date.

« Sire,

Le bonheur que j'ai eu de remettre moi même à Votre Majesté la demande que je sollicite en vain depuis longtemps me fait esperer que je trouverai pres de vous grâce et justice. Votre bienfaisance et votre magnanimité sont la seule espérance qui me reste. Daignez donc, sire, sinon rendre un père à ses enfants, du moins lui donner les moyens d'exécuter vos volontés en ordonnant la levée du séquestre sur leurs biens et au lieu de s'expatrier dans une autre partie du monde, permettre qu'il reste en Portugal, vous rendrez la vie à une mere et une épouse désolée qui a tout tenté pour des intérêts si chers.

Daignez, etc. »

(Non autographe, sauf la signature.)

A. n. F^7 6232, n° 243.

195. De Becdelièvre de Bourmont au ministre de la police générale.

Paris, 5 fructidor XIII [I de l'Empire].

« D'après les promesses qui m'ont été faites au nom du Gouvernement et la conduite de M. de Bourmont depuis un an. Je supplie Votre Excellence de m'accorder la levée du séquestre pendant son séjour en Portugal, afin que je puisse le rejoindre avec mes enfants.

Si l'on exige ensuite que M. de Bourmont se rende aux Etats-Unis, je donne ma parole qu'il s'y conformera dès que nous serons réunis. Et dans la supposition contraire, ne serait-on pas à même de remettre les sequestres sur ses biens.

Monseigneur,

Je prie Votre Excellence qu'il lui plaise faire droit à ma demande.

Je suis avec respect, etc.

En marge : M. le conseiller d'État Real.

Faire un rapport pour vendredi. »

A. n. F[7] 6232, n° 244.

196. De Becdelièvre de Bourmont.

Paris, 6 vendémiaire XIV (29 septembre 1805).

« J'ai reçu du chef de la division de Sureté générale les papiers appartenans à Monsieur de Bourmont, mon mari, dont le Ministère a ordonné la restitution, à l'éxéxption de ceux plusieurs autres papiers dont Son Excellence a jugé devoir faire la réserve et d'une paire de pistolets que l'on à pas trouve et que le Ministre avait donné l'ordre de me remettre.

De Becdelièvre de Bourmont. »

A. n. F[7] 6232, n° 761.

197. Commissaire général de police au Ministre de la Police générale.

Lorient, 9 novembre 1808.

Bourmont est arrêté.

Madame de Bourmont, qui vient de faire ses couches à Auray, demande un passeport pour Nantes pour se rendre près de son mari. Prière à Son Excellence de transmettre ses ordres.

A. n. F[7] 6232, n° 346.

198. Ministre Police générale au Préfet Loire-Inférieure.

Paris, 17 novembre 1808.

« Il l'autorise à delivrer un passeport à Madame de Bourmont pour se rendre d'Auray à Nantes. »

A. n. F[7] 6232, n° 345.

199. Ministre de la Police générale au Commissaire général de police à Lorient.

Paris, 17 novembre 1808.

Il l'autorise à délivrer un passeport à Madame de Bourmont. »

A. n. F[7] 6232, n° 345.

200. De Becdelièvre de Bourmont au Préfet du Morbihan.

Auray, 22 novembre 1808.

« Attachée volontairement au sort de M. de Bourmont j'ai vu fuire dáns l'exile les plus beaux de mes jours, j'ai eu le temps d'y réflechir, mais non de regrëtter ce que j'ai souffert pour un epoux qui en est si digne et qui m'offrait l'exemple de la patience et du courage.

Enfin l'occasion s'est offerte à lui de prouver a son pays, que l'interest général tenait toujours son cœur attaché à la prosperité de sa Patrie et il l'a saisie; separé des Français il ne les retrouve que pour prendre leur cause et la servir avec toute la loyauté de son caractere.

Les événements déterminent le retour des Français dans leur patrie et celui de M. de Bourmont s'y opére sous la garantie des services et la parole du général en chef de l'armée.

Nous croyons toucher à un bonheur pûr et tous nos maux allaient etre oubliés, lorsqu'a peine abordés, des mesures sévères ont enlevé M. de Bourmont à cette liberté acquise à tant de titres et me retiennent ici séparée de lui et d'une famille à laquelle je brule de me réunir.

Déjà nous avons l'avis certain que, sur les rapports faits à l'Empereur de la conduitte de M. de Bourmont dans son armée du Portugal, ses ordres sont donnés pour le rendre libre mais il en attend encore l'exécution, avec toute l'impatience du désir, dans les délais qu'elle souffre, je réclame donc, Monsieur le Général, votre entremise près du Ministre de la police générale pour l'accélérer et que provisoirement il me soit permis de me rendre à Nantes afin que réunie à M. de Bourmont je puisse trouver le repos si utile à l'état de ma santé, épuisée par les fatigues d'un passage long et pénible. Mon bonheur tient à ce que cela me soit accordé et c'est la demande que j'ai l'honneur de vous adresser.

Je suis avec respect... »

(Non autographe.)

A. n. F[7] 6232, n° 343.

201. Préfet du Morbihan à Ier arrondissement.

Vannes, 23 novembre 1808.

« D'après les ordres que vous m'avez transmis de la part de Son Excellence le Senateur Ministre, j'ai fait retenir en surveillance à Auray Madame de Bourmont et ses domestiques. Cette dame était alors en couche et les personnes qui l'entouraient par égard pour sa situation ont cru devoir lui cacher cette disposition. Relevée de ses couches, son premier soin a été des arrangements pour aller rejoindre son mari qu'elle savait être à Nantes. Dès lors il a fallu lui déclarer qu'elle n'était pas libre; touchée de l'obstacle qui l'empêche de se réunir à son mari, elle m'a fait présenter la petition ci jointe pour lui obtenir cette faveur. Je crois assurément la chose bien indifférente puisque Madame de Bourmont peut être surveillée à Nantes comme ici. Mais comme il s'agit de sortir du département, je ne puis le permettre sans une autorisation spéciale de Son Excellence.

Je vous la demande, Monsieur et cher collègue, et vous prie de me l'envoyer s'il est possible par le retour du courier : tous les motifs d'interet et de convenance prescrivent à Madame de Bourmont de se rapprocher de sa famille. »

En marge : « M. Desmarets. »

« Je crois que cette autorisation a été donnée du cabinet, d'ou sont partis tous les ordres relatifs à M. de Bourmont. D. »

A. n. F[7] 6232, n° 342.

202. Préfet Loire-Inférieure à Ministre de la Police générale.

Nantes, 28 novembre 1808.

Madame de Bourmont est arrivée hier. On a pris les mesures de police nécessaires.

A. n. F⁷ 6232, nº 340.

203. De Becdelièvre de Bourmont à Préfet Loire-Inférieure.

Nantes, 25 janvier 1809.

Elle demande passeport pour Paris.

A. n. F⁷ 6232, nº 332.

204. Préfet de la Loire-Inférieure à Iᵉʳ arrondissement de la Police générale.

Nantes 25 janvier 1809.

« Madame de Bourmont m'a adressé ce matin la lettre dont j'ai l'honneur de vous remettre ci joint la copie. Je n'ai pas cru devoir lui faire délivrer le passeport qu'elle sollicite quoique par votre lettre du 18 novembre dernier nº 500, vous n'ayez prescrit à son égard que des mesures de precautions, avant d'avoir pris vos ordres. Je vous prie de vouloir bien me les transmettre le plus promptement possible.

J'ai l'honneur d'etre avec respect,

Monsieur le Conseiller d'État.

Votre tres humble et très obéissant serviteur.

De Celles.

En marge : Madame de Bourmont étant revenue de *Portugal*. Elle m'a paru ne devoir aller à Paris qu'avec l'autorisation de Son Excellence le sénateur ministre.

Consulter M. Desmarets.

Son Excellence peut seule décider sur cette demande, il est evident que son voyage n'a d'autre objet que de soliciter en faveur de son mari.

D(esmarets).

A. n. F⁷ 6232, nº 331

205. Commissaire de police de Lorient à Iᵉʳ arrondissement.

Lorient, 25 janvier 1809.

Le préfet du Morbihan a délivré à Pierre Guillomé, Alsacien, domestique de Monsieur et Madame de Bourmont, un passeport pour Nantes.

A, n. F⁷ 6232, nº 330.

206. Ier arrondissement.

Paris, 9 février 1809.

Rapport au Ministre sur la demande de Madame de Bourmont de se rendre à Paris.

Accordé.

A. n. F^7^ 6232, n° 329.

TABLE ALPHABÉTIQUE

DES NOMS DE PERSONNES ET DE LIEUX

IMPRIMERIE POLYGLOTTE ALPH. LE ROY, RENNES.

www.ingramcontent.com/pod-product-compliance
Lightning Source LLC
Chambersburg PA
CBHW070019110426
42741CB00034B/2232

* 9 7 8 2 0 1 2 5 5 8 2 9 8 *